区块链100问

深入浅出全面了解区块链

赵何娟　李非凡　周芳鸽　编著

中国科学技术出版社

·北　京·

图书在版编目（CIP）数据

区块链 100 问：深入浅出全面了解区块链 / 赵何娟，李非凡，周芳鸽编著 . —北京：中国科学技术出版社，2020.3（2020.8 重印）

ISBN 978-7-5046-8590-2

Ⅰ.①区… Ⅱ.①赵… ②李… ③周… Ⅲ.①电子商务 – 支付方式 – 问题解答 Ⅳ.① F713.361.3-44

中国版本图书馆 CIP 数据核字（2020）第 052502 号

策划编辑	田 睿	
责任编辑	田 睿 陈 洁	
封面设计	赵 亮	
版式设计	锋尚设计	
责任校对	吕传新	
责任印制	李晓霖	

出　　版	中国科学技术出版社	
发　　行	中国科学技术出版社有限公司发行部	
地　　址	北京市海淀区中关村南大街 16 号	
邮　　编	100081	
发行电话	010-62173865	
传　　真	010-62173081	
网　　址	http://www.cspbooks.com.cn	

开　　本	880mm×1230mm　1/32	
字　　数	195 千字	
印　　张	7	
版　　次	2020 年 5 月第 1 版	
印　　次	2020 年 8 月第 2 次印刷	
印　　刷	北京盛通印刷股份有限公司	
书　　号	ISBN 978-7-5046-8590-2/F·890	
定　　价	69.00 元	

推荐序 人类将加速完成数字化迁徙

历史上任何一场全球性事件都会给人类生活、企业经营、国家治理乃至国际关系带来巨大的改变。2020年，大多数人都更强烈地感受到了席卷而来的数字化浪潮。人类将在这个与物理世界平行的"数字世界"里开启数字化生存。

1994年，时任麻省理工学院媒体实验室主任的尼葛洛庞蒂的《数字化生存》一书是数字化迁徙的重要标志。它可以看作人类社会数字化迁徙的启程号角。在20世纪90年代之前，人类为数字化迁徙做了很多准备，但20世纪90年代数字化迁徙才真正启程。

从1990年与2019年英国《金融时报》评出的十大上市公司的变化，就可以看出数字化带给我们这个世界翻天覆地的改变。1990年，十大上市公司中有六家是银行，没有互联网及软件公司；2019年，十大上市公司中有七家是互联网及软件公司。

数字化迁徙遵循的是摩尔定律、网络效应、零边际成本、指数级增长。它在组织商业资源、创造经济价值、增加社会福利方面效率极高、成本极低。这才是互联网公司市值极高的底层逻辑。

经济转折点："新基建"与"新能源"

就我个人观察，有这么几件事是非常带有预示性和启示性的。第一件事是，中国政府提出加快5G网络、数据中心等新型基础设施建设（以下简称"新基建"）进度。中国的"新基建"基本上可以看作数字经济基础设施建设。5G、人工智能（AI）、物联网、工业互联网、区块链成为数字化建设的基础工具。

第二件事是，埃隆·马斯克于2020年4月23日宣布他的星链互联网计划（Starlink）未来三个月将内测，六个月内会公测，之后将开始在部分地区运行。Starlink在地球这个物理空间之上，包裹了一层数字空间，寰宇一网成就寰宇一家。12000个卫星连成的互联网，将改变时间和空间、经济与社会。

第三件事，也是最重要的事，是2020年4月石油价格的暴跌，美国原油期货跌至负几十美元，这当然是偶发的踩踏事件，但这样一个极端事件一定有它的警示性和预示性：经济动能、经济能源转换点的到来。大家都同意，以石油为代表的化石能源，是工业文明的核心能源；信息文明时代，数据将取代石油成为新的核心能源。这次石油价格的极端性事件，看似偶发，实属必然。它标志着能源转换点到来了。

我的朋友王川（身边人都称他为"硅谷王川"）从2014年开始，在乐观预测电动汽车的未来的同时，悲观预测石油价格将一路走低。底特律造车是物理思维，硅谷造车是软件思维。一辆传统汽车有30000多个零部件，而一辆电动车只有3000多个零部件。传统车厂上百年积累的汽车发动机技术，一夜之间价值归零。特斯拉最大的价值是一套能够很好地管理7000多块电池的软件系统。它用软件重新定义了汽车。而2020年，完全依靠数据的收集、传输、互动、计算、决策来驱动的无人驾驶出租车，已经在长沙、广州等好几个城市试运行。私人汽车、商用车加上航空器械一起占用了全球超60%的石油供应，"汽车"一旦变成无人驾驶的"电动车"，它"喝"的将是数据。无怪乎"石油"的重要性会越来越低。

王川戏谑道："石器时代的结束并不是石头没有了，石油时代的结束也不会是石油消耗完了。"它们只是被时代抛弃了而已。

经济新驱动：互联网、区块链、云计算、人工智能

过去十年，很多数字化迁徙工具的成熟，是数据能够取

代石油，成为驱动经济发展的"新能源"的重要因素，也形成了经济新的驱动力。这其中有四个最重要的力量：一是互联网和物联网。互联网和物联网解决了大规模、高效率、低成本收集海量数据的问题。二是区块链。区块链的分布式数据库、分布式总账，解决了大规模、高效率、低成本信任海量数据的问题。三是云计算。云计算解决了大规模、高效率、低成本存储和计算海量数据的问题。四是人工智能。人工智能解决了大规模、高效率、低成本使用海量数据的问题。

量变引起质变，这几个数字化核心工具的逐渐成熟，让我们能够轻易得到和使用海量数据。就像冶金技术的成熟帮助人类进入铁器时代，印刷术和造纸术的成熟帮助人类进入纸币时代一样。

在上述四大重要力量里，可以被我们获取并应用的数据比比皆是。从数据要素市场的角度看，能够商业化互换、共享和交易的数据可以分为三大来源：一类是个人数据。个人在互联网上遗留的各种行为数据和作为一个生命体所具有的数据，如基因数据、医疗数据等；第二类是机构数据，如政府、社区、商业组织等相关数据。第三类是机器数据。2014年IBM的物联网白皮书预测，到2050年全球会有超过1000亿台机器联网，分分秒秒都在产生数据。而全球人口到2050年大概不会超过100亿人，机器的数据将比人的数据多好几个数量级。

绝大多数的数据，今天我们还没有用到。物联网、工业互联网还刚刚起步，机器数据的宝藏还没有被挖掘；机构数据碍于法律限制、产权保护和商业秘密等，到目前为止还没有很好的解决之道；而个人数据，除了互联网上的行为数据得到很好的运用，生命数据、基因数据、医疗数据因为隐私保护没有解决，也无法很好地利用。

一方面我们看到仅仅个人行为数据的有效利用，就已经创造出了像阿里巴巴、腾讯这样的魔力无边的"商业智能"；另一方面，我们更加期待上述三大来源的数据都能进入数据要素市场，通过数据的互换、共享和交易，人类将能创造出更加伟大的社会智能、人类智能。未来10年、20年，基于数据驱动的数字经济或信息文明应该是一个波澜壮阔的历史进程。

数据能源与化石能源在特性上完全不同。石油这种化石能源具有物理结构，一箱汽油驱动了你的车，别人的车就不能再消耗它；一瓶水你喝了，别人就不能再喝到它。工业文明，就是基于物理结构或原子结构的文明。而数据能源就不一样了。

第一，数据的确权非常难。数据的高速可扩散性、轻易可复制性，导致确权和产权保护成本高到商业上不可行。

第二，数据的所有权不可拆分、不可转移。你的基因数据许可给某位科学家使用，但这个基因数据仍然属于你，并且你永远都能保留一份。就像你发送一封电子邮件，它可以零边际成本地被发送给很多人，但你本地总会保留着一份。所有权的转移是说你不能再拥有它了，但你对数据却可以保留一份在本地地址中。

第三，数据具有越分享价值越大的特点。越多的人使用这个数据，这个数据的价值就越大。原子结构的东西，其价值都具有独占性；而比特结构的东西，其价值都具有分享性。理解这个特点，你才能理解"开源软件""共享经济""零工经济""非接触经济"这些新事物具有经济价值的原因。

第四，数据使用的边际成本趋近于零。数据一旦被创造，它再次被使用的边际成本几乎可以忽略不计，因为它是比特属性的。

经济新要素：数据要素市场重新定义

因为数据作为生产要素的上述特质，我们拟想中的数据要素市场体系结构也就与我们熟悉的各种现有的交易市场完全不同。股票市场是所有权交易市场，买入某家公司的股票就代表你拥有了这家公司的部分所有权，那个卖出股票给你的公司会将这部分所有权完整地转移给你；债券市场是收益权交易市场，你买入债券就获得了发行者的还本付息的承诺；因为数据所有权的不可转移性，数据要素市场是使用权交易市场，许可你以某种方式、在某段时间、基于某种目的使用某种数据。

数据要素市场的交易组织形式，大概率不会采取像股票交易所这样中心化的交易撮合形式，它可能更像外汇市场。外汇市场全球24小时交易，交易撮合是分散化的，甚至是点对点的，只有清算环节是中心化的。数据要素市场也应该采取去中心化的、点对点的、全球24小时撮合交易的形式。所谓的"大数据交易所"，也许违背了数据要素市场的内在规律。

数据要素市场有以下几个特点：

1）它是长尾市场，是分散化的市场。你需要在茫茫人海中找齐10000个病例才能有效地进行医学研究；你要找10000辆汽车的数据样本才能开发一款保险产品，而这些汽车的所有权基本上是分散的。

2）它是多方许可、多次许可的市场。你的基因数据许可给100个科学家使用，对于人类社会的整体福利一定是最大化的，对于你个人的价值也是最大化的。多方许可、多次许可是数据交易市场的特点。

3）它是去中心化、点对点的市场。一旦数据的确权变得容易、可信和低成本，数据所有者则会扩大化、分散化，要收集和使用数据，最有效的模式应该是自由市场模式，进行点对点和去中心化交易，而不应该是自上而下的中心化模式。

4）它是非标准化的交易市场。资本市场是一个把非标准化的东西标准化的市场，数据要素市场会反其道而行。数据拥有者非常分散、数据使用者目的不一，同一个数据也可以供不同目的的使用者使用。这比股票或债券的投资目的要复杂得多，资产也更非标准化。

那么，什么才是数据市场的基础设施呢？答案是区块链与隐私计算。

1）区块链可以解决数据的可信问题。作为分布式账本，它具有只能增加、不可删除、不可篡改、不可回滚的特点，可以确保链上原生数据的可信度。

2）区块链的链式结构具有可存证、可溯源、可审计、可定序等特性，可以很好地给数据产权确权。

3）哈希函数、非对称加密、零知识证明等密码学算法可以很好地保护数据不被偷窥、盗取和滥用，做到很好的隐私保护。

4）数据交易。数据隐私保护并不是最终目的，数据需要共享和交换才能呈现价值。这时候可验证计算、同态加密、安全多方计算等密码学算法，可以解决在数据加密之后的协同计算问题，这方面的技术统称为"隐私计算"。

5）价值交换。数据是否交换和共享，核心在于价值交换。区块链上的智能合约，对一个分布式、点对点的数据要素市场具有决定性的作用。

6）价值分配。在一个分布式、点对点的数据要素市场中，如何让相关各方在没有中心化担保方的情况下，信任各利益相关方的承诺，并且不增加构建这种信任关系的成本？这时可编程的数字货币就能够发挥作用了，可编程的数字货币加上智能合约使得交易具有不可人为操控的特性，一旦触发事前约定的条件，任何人都无法反悔。

链得得创始人赵何娟邀我为本书写推荐序。谨以我对区块链的一点新思考，献为序言。

肖风
中国万向控股有限公司副董事长

前 言

2019年注定已成为中国区块链发展的重要里程碑式年份，10月24日也成了一个标志性的日子。

这一天，中共中央政治局就区块链技术发展现状和趋势进行第十八次集体学习。会议强调，区块链技术的集成应用在新的技术革新和产业变革中起着重要作用。我们要把区块链作为核心技术自主创新的重要突破口，明确主攻方向，加大投入力度，着力攻克一批关键核心技术，加快推动区块链技术和产业创新发展。

而就在此次政治局集体学习区块链技术的前几天，Facebook（脸书）的创始人扎克伯格（Mark Elliot Zuckerberg）在美国国会听证会上再次就Libra阐述其想法："中国是Libra最大的竞争对手，中国的金融IT基础设施领先于美国。"美国国会议员也提到，中国的移动支付（支付宝、微信支付等）已经全面超过且冲击着Facebook和美国企业。

Coinbase联合创始人透露，美国高级官员在讨论Libra合法性的同时，也一直在探讨另外一个可能性，那就是如何利用区块链发行数字美元。可以说，数字美元未来也将势在必行。

这次会议说明我国经历了长时间的观察和学习，做出了国家战略意义层面和世界科技、金融新格局层面更深邃的思考。中国和美国都在这场争夺战中试图占领先机和高地。

但通往区块链之路，注定艰难。难在过程，考验各国、各级政府的治理智慧，各类企业的投入决心和克制、民间机会主义博弈，以及前所未有的技术、经济与金融伦理挑战。这样激发国家、社会和全人民的技术趋势挑战与分歧，已经在第三次工业革命后多年都未曾有过了。而几乎每一次技术革命都引发了一场思想变革。

回顾历史，在此之前，每一次工业革命也几乎都是一次社会撕裂的过程，更是一次社会阶层重整与财富重新分配的过程。

但是区块链世界才刚刚萌芽，怪现状也层出不穷。一边如火如荼，一边一头雾水、左右彷徨；一边激情四射，一边萎靡切割、骗局不断。可能整个市场的最大疑惑还不是区块链未来会变成什么样，而是区块链到底是什么，能做什么，能怎么和我相关。所以在最近的一个月，我们走访了中国、美国、日本、韩国和欧洲各国市场众多区块链关心者，筛选了100个大家最关心的区块链问题，并采访了诸多专业人士，通过问答的方式梳理出来。

我们的努力最终由钛媒体和链得得联合制作并形成了本书，帮助大家理解区块链、辨析区块链，希望本书也能成为你学习区块链的重要助手。本书中的相关文章可通过下载链得得App查看。

目 录

核心概念篇

技术开发篇

数字资产篇

应用落地篇

政策篇

风险篇

附录

核心概念篇

1　什么是区块链?

区块链是一个集合了密码学、分布式数据存储、智能合约、共识算法等多种新兴技术的数据传输方式,本质上是一种集成技术,而非一个特定技术的发明。

区块链本质上是一个应用了密码学技术的,多方参与、共同维护、持续增长且不可篡改的分布式数据库系统,也称为分布式共享账本。在数据上传的过程中,数据会被打包到一起形成一个个数据块,而被打包好的数据块又有另一个学名叫作区块,将每个区块按照时间顺序连在一起,就形成了链式的网络,因为整个网络结构是由区块和链构成的,所以就给它取名叫Blockchain(区块链)。作为共享账本,就可理解为,每个账页就是一个区块,每个区块写满了交易记录,区块首尾衔接,紧密相连,形成链状结构。

所以,区块链用一种去中心化的方式,解决了信任背书和价值传递的问题。

区块链起源于比特币,2008年11月1日,一位自称中本聪(Satoshi Nakamoto)的人发表了《比特币:一种点对点的电子现金系统》(*Bitcoin: A Peer-to-Peer Electronic Cash System*)一文,阐述了基于P2P网络技术、加密技术、时间戳技术、区块链技术等的电子现金系统的构架理念,这标志着比特币的诞生。两个月后理论步入实践,2009年1月3日序号为0的创世区块(即第一个区块)诞生。2009年1月9日出现序号为1的区块,并与序号为0的创世区块相连接形成了链,标志着区块链的诞生。但在当时还并没有区块链这一提法。几乎是在2012年之后,人们在研究比特币P2P电子系统为何能在没有公司、没有投资、没有团队、没有法律,甚至没有警察的前提下如此顺利地在全世界范围内自运行良好时，有专家在比特币这套电子现金系统的运营原理和机制基础上提炼出了区块链的全新概念，认为既然比特币能在区块链上运行良好，那么其他应用也能运行良好，这一概念遂逐渐开始流行。

2 区块链有哪些特点?

去中心化　开放性　独立性　安全性　匿名性

区块链有去中心化、开放性、独立性、安全性和匿名性等特点。

（1）去中心化

区块链最重要的一个特点就是去中心化。它不依赖额外的第三方管理机构或硬件设施，没有中心管制，除了自成一体的区块链本身，通过分布式核算和存储，各个节点实现了信息自我验证、传递和管理。例如，平时网络购物用的淘宝，它实际上是中心化的，不管是选择商品还是支付交易，对于买家和卖家来说，都有一个绕不过去的中心平台，维护着整个网络购物生态。所谓去中心化，就是把这个中心去掉，重新建立一套大家可以共同管理数据，并且能自由交易的新规则。中心化有很多问题，在中心化的模式里，数据都存储在中心服务器里，一旦这个服务器瘫痪，整个网络都会出现问题。除此之外，行业数据集中在少数几家巨头公司，由于数据管理不透明，一旦数据泄露，后果将是灾难性的。而去中心化的好处就在于人人参与数据维护，数据信息不再集中，从而解决了这些问题，所以去中心化可以说是互联网世界的变革，每个人都可以平等地参与数据的管理与维护。

（2）开放性

区块链技术基础是开源的，除了交易各方的私有信息被加密外，区块链的数据对所有人开放，任何人都可以通过公开的接口查询区块链数据和开发相关应用，因此整个系统的信息高度透明。

（3）独立性

基于协商一致的规范和协议［类似比特币采用的哈希（Hash）算法等各种数学算法］，整个区块链系统不依赖其他第三方，所有节点能够在系统内自动安全地验证、交换数据，不需要任何人为干预。

（4）安全性

只要不能掌控全部数据节点的51%，就无法肆意操控修改网络数据，这使区块链本身变得相对安全，避免了主观人为的数据变更。

（5）匿名性

除非有法律规范要求，单从技术上来讲，各区块节点的身份信息不需要公开或验证，信息传递可以匿名进行。

 什么是比特币？其与区块链是什么关系？

迄今为止，关于比特币的争议很多，但是关于"比特币是区块链第一个成功应用"的说法几乎没有什么异议。2008年11月1日，一位叫作中本聪的人在网上发表了一篇名为《比特币：一种点对点的电子现金系统》的论文，这是比特币第一次出现在人们的视野中。2009年1月3日推出了比特币算法客户端，正式启动了这个特殊的金融系统，当天创世区块出现。第一个区块奖励是50个比特币，创世区块出了10分钟后，第一批50个比特币生成了，而此时的货币总量就是50个。随后比特币就以约每10分钟50个的速度增长。所以，2009年1月3日一直被定义为比特币诞生日。

　　根据中本聪的《比特币：一种点对点的电子现金系统》中的算法，比特币发行总量限制为2100万个，当总量达到1050万个时（2100万个的50%），区块奖励减半为25个；当总量达到1575万个（新产出525万个，即1050万个的50%）时，区块奖励再减半为12.5个。该货币系统曾在4年内发行总量不超过1050万个，之后的总数量将被永久限制在2100万个。

　　随着比特币自2009年开始的自动良好运行，越来越多的全球用户开始持有比特币，并且交易比特币，这套支持比特币运行的技术底层系统也开始受到技术界的关注。此后人们开始研究区块的形成机制和连接机制，发现比特币底层区块系统本质上就是一个去中心化的数据库，同时作为比特币的底层技术，是一串使用密码学方法相关联产生的数据块，每个数据块中包含了一批次比特币网络交易的信息，用于验证其信息的有效性（防伪）和生成下一个区块，并将此命名为区块链。区块链作为比特币的底层技术系统开始为人熟知，并且越来越多的人开始挖掘区块链在其他应用层面的价值。故也有人将比特币称为区块链第一个成功应用，但从概念出现的时间上来说，是先有比特币，后有区块链。

 谁是中本聪？

　　中本聪（日本媒体常将其翻译为中本哲史）是比特币的发明者，被人们称为"比特币之父"。2008年，他在一篇名为《比特币：一种点对点的电子现金系统》的论文中首次提出了比特币的基本概念和相关算法，并于2009年正式启动了比特币金融系统。

　　但自2010年开始，他就逐渐淡出，项目也移交给了比特币社区的其他成员。值得一提的是，疑似他名下的比特币账户至今没有发生过任何变动，仍然是比特币全球最大持币账户。

至今，中本聪是谁依然成谜，或可成为21世纪第一大谜题。随之而来的关于中本聪的身份猜测，则可谓众说纷纭。

中本聪为人十分低调，他并未对自己的身份进行过诸多介绍，只说自己是一个日裔美国人。另外，据P2P基金会网站的个人资料显示，中本聪是一个居住在日本的37岁男子（2009年）。

人们对这些信息的真实度也表示怀疑，因为中本聪从未使用过日文在公开场合发表观点或文章，但是英语的娴熟度却堪比母语，并且交替使用英式英语和美式英语。他经常会随机在全天的某个时间段上线发言，让人无法猜出他所在地方的时区。照此看来，"中本聪"这个名字或许也是虚构的。还有人猜测，中本聪可能是一个神秘的开发团队，因为如此精密的网络系统不像是一个人能设计出来的。

因此，直到今天，中本聪的身份仍是一个谜。除了人们对其身份进行的种种猜测之外，也有人站出来表示自己就是中本聪，但这些说法的可信度几乎为零，也备受质疑。

猜测一　望月新一（Shinichi Mochizuki）

2013年5月，知名计算机科学家泰德·尼尔森（Ted Nelson）在社交媒体YouTube上爆料称，中本聪的真实身份就是来自日本京都大学的数学教授望月新一。尼尔森给出的观点如下：

望月新一是数学教授，有足够的智商去开发比特币系统；与其他学者使用常规学术发表系统不同，望月新一习惯于独立工作，独立发表文章和学术论文，并且不做任何解释，让读者自己去理解；望月新一的工作内容中有部分是关于比特币的。

上述观点一经发布，就立马引来人们的质疑。有人表示，望月新一只是个数学家，如何开发出一个货币系统？还有人分析了望月新一此前发表的各种学术作品后发现，这一领域并不在他以往所研究的学术范畴之内，而且望月新一本人对密码学也不感兴趣。美国《福布斯》杂志也不赞成尼尔森的观点，该媒体表示，中本聪并不一定来自日本。

随后，望月新一本人也站出来表示自己并不是中本聪，因此尼尔森的观点也就不了了之了。

猜测二　尼克·萨博（Nick Szabo）

2013年10月，一位名叫斯凯·格雷（Skye Grey）的博客作家表示，自己在分析了中本聪所发表的一系列论文后得出结论，其真实身份就是来自乔治·华盛顿大学的教授尼克·萨博。

格雷认为，萨博热衷于研究货币的去中心化。他曾发表过一篇关于"比特黄金"（Bitcoin Gold）的论文，被人们认为是比特币的先驱。此外，萨博从20世纪90年代起就喜欢使用化名。在2011年5月的一篇文章中，萨博在谈起比特币创造者时说道："在我认识的人中，对这个想法足够感兴趣且能付诸行动的，本来只有我自己、戴维（Wei Dai，音译）和哈尔·芬尼（Hal Finney）三个人，后来中本聪出现了（假定中本聪既不是芬尼也不是戴维）。"

但随后在2015年，有记者向萨博本人求证这件事，萨博表示："这些猜测让我感到十分荣幸，但我并不是中本聪。"

猜测三　多利安·中本（Dorian Nakamoto）

2014年3月6日，一位名叫利亚·麦格拉思·古德曼（Leah

McGrath Goodman）的记者表示自己找到了真正的中本聪，他就是居住在加利福尼亚州的日裔美国人多利安·中本。巧合的是，他出生时的名字就是"哲史"。

除了名字相同以外，多利安在回答记者关于比特币的问题时说道："我已经不再参与了，不能进行过多讨论；它已经被转交给其他人负责。"这一报道受到了比特币社区人员的质疑和批评。但在之后的正式访谈中，多利安又否认了与比特币的联系，称自己从未听说过，只是误解了当时记者的提问，以为他问的是自己之前从事的军方保密性工作。

同一天，中本聪本人也站出来否认。他的P2P基金会账户在尘封五年之后出现了一条消息："我不是多利安·中本。"

猜测四　克雷格·史蒂芬·怀特（Craig Steven Wright）

2015年12月，《连线》（Wired）杂志报道称中本聪极有可能是44岁的澳大利亚学者克雷格·史蒂芬·怀特，但这也可能是个精心设计的骗局。

2016年5月2日，克雷格站出来表示自己就是中本聪。这也是首次有人公开承认。他当时给出的证据之一是中本聪的加密签名档，但质疑者表示，这个签名档只要是稍微高级一点的黑客都能在暗网中找到；另一个证据是比特币早期区块地址的私钥，但早期的比特币开发人员或其亲近者都有可能拿出来。

随后，为了测试克雷格身份的真实性，英国广播公司（BBC）记者将0.017个比特币导入中本聪持有的账户地址，并要求克雷格转回来，但是克雷格最终并没有执行此操作。

其他猜测

其他相关猜测还有：比特币第一个项目的核心开发人员马尔蒂·马尔米（Martii Malmi）；芬兰经济社会学家维利·莱唐维塔（Vili Lehdonvirta）；爱尔兰密码学研究生迈克尔·克里尔（Michael Clear）；美国艺术家Vincent van Volkmer；犯罪大师Paul Le Roux；德国或美国研究人员尼尔·金（Neal King）、弗拉基米尔·奥克斯曼（Vladimir Oksman）和查尔斯·布里（Charles Bry）；比特币基金会首席科学家加文·安德烈森（Gavin Andresen）；比特币交易平台Mt. Gox创始人杰德·麦卡勒布（Jed McCaleb）；美国企业家及安全研究员达斯汀·D. 特拉梅尔（Dustin D. Trammell）等。但是几乎所有人都亲自否认了这些猜测。

此外，还有人认为，中本聪或许是三星（Samsung）、东芝（Toshiba）、中道（Nakamichi）和摩托罗拉（Motorola）四家公司名称的结合，暗示比特币实际是由这四家公司联手开发的。

链得得于2018年6月邀请比特币项目第一个核心开发人员马尔蒂·马尔米做过一期深度对话，谈到了中本聪的身份和早期比特币的开发过程，其中提炼了几个核心问题：

1）中本聪究竟是一个人还是一个组织？

马尔蒂·马尔米：我印象里一直觉得他是单独一个人，或者至少我交流的对象是团队中的一个人。他工作的方式不像一个团队。他是一个坚持自我的人。他非常聪明、冷静、足智多谋，他不屑于吹嘘自己。所以在我看来他是个十分睿智的人。有时有人问我中本聪是真人吗，或者说，他怎么可能不是真人呢？可能他们觉得"他"

是个组织，这只是个假名而已。我不觉得有个人叫作中本聪（Satoshi Nakamoto），我也不觉得"他"是一群人。

而且我觉得短期内他不会再回来了。同时，我认为某个加密数字货币社群并没有那么重要。我觉得科技才是重要的。

2）未来比特币会取代现有的所有货币吗？

马尔蒂·马尔米：传统的货币有可能会消失。但我不认为比特币会取代一切。我相信未来是加密数字货币的世界，至于是比特币还是其他币，还有待观察。我相信到系统化的时候我们会看到更多货币竞争，到时人们可以随时切换区块链货币，如此我们就有了完美的竞争机制。一切都是公平的，巨头们占不着便宜。

3）未来智能合约会用于比特币网络吗？

马尔蒂·马尔米：有个大型项目叫作RSK代币，这是他们现在做的。像以太坊开发可兼容的智能合约并与比特币区块链相连。据我所知那个项目启动已经有段时间了，应该是个很有意思的项目。但是就比特币网络本身而言，我不打算再用智能合约让它变得更复杂了。

4）政府会不会因为区块链的匿名性而禁止它呢？

马尔蒂·马尔米：我不认为比特币的匿名性或匿名的程度能威胁到任何政府。即便是现金也有匿名性，如黑市。禁止比特币当然是有可能的，不过要看是哪个政府。但这跟它的去中心化本质是没有关系的。而正是因为与现实世界不同，所以比特币能轻易实现交易。

> 🔁 [提示] 关于中本聪身份的参考详文见附录A。

区块链的去中心化何意？其安全性如何？

　　去中心化是互联网发展过程中形成的社会关系形态和内容产生形态，是相对于中心化而言的新型网络内容产生过程。在一个分布有众多节点的系统中，每个节点都具有高度自治的特征。节点之间可以彼此自由连接，形成新的连接单元。任何一个节点都可能成为阶段性的中心，但不具备强制性的中心控制功能。节点与节点之间的影响，会通过网络形成非线性因果关系。这种开放式、扁平化、平等性的系统现象或结构称为去中心化。

　　作为区块链诸多特性中的一个重要特点，其使用分布式存储与算力，使整个网络节点的权利与义务相同，系统中的数据本质为全网节点共同维护，从而区块链不再依靠中央处理节点，实现数据的分布式存储、记录与更新。而每个区块链都遵循统一规则，该规则基于密码算法而不是信用证书，并且数据更新过程都需要用户批准，由此奠定区块链不需要中介与信任机构背书。

　　去中心化的优点包括：

　　1）容错力。在中心化系统中，一旦中心出现问题，其他节点就容易全线崩溃。而去中心化的系统不太可能出现意外，因为它依赖其他节点，而其他节点不可能一起出问题。

　　2）抗攻击力。去中心化的系统会让攻击成本更高，因为它缺少敏感的中心点，而中心点则更容易被攻击且完全崩溃，并且攻击成本很低，这也是越来越多投资者希望去中心化技术变得更加成熟的原因。

　　3）防勾结串通。去中心化系统中的参与者很难以牺牲其他参与者为代价，而密谋使自己获利。

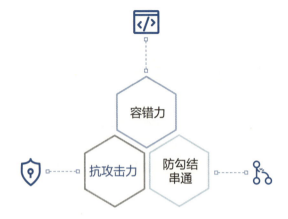

区块链技术本质上是一种特殊的分布式数据库技术。分布式技术主要指的是存储架构。区块链采取的分布式架构不仅将账本数据存储在每个节点上，而且每个节点都必须包含整个账本的数据。这种彻底的分布式架构带来的是比中心化更高的安全性，没有人可以同时摧毁所有的节点。

什么是点对点传输?

区块链技术是基于P2P（Peer-to-Peer）网络而建立的。P2P就是点对点的意思，因此P2P网络就称为点对点传输网络。区块链中的点对点没有客户端和服务器的概念，节点间都是平等的，任意两个节点之间都可以进行交易，交易成功后全网所有节点都会记录这个交易，任意一个节点出现问题都不会影响交易结果。网络中不存在中心节点，各个节点间的权利都是相同的，这种模式的好处就是不依赖于较少的几台服务器，从而避免单点故障对全局的影响。

区块链的本质就是共享一本公开的账本，任何加入区块链的客户端，如比特币完整版客户端，都是一个所有P2P节点中的任何一个点，只要打开这个客户端，就开始下载自比特币创立以来所有的交易数据（即交易账本）。就算你只下载了这个账本中的一小部分数据，你同时也能够提供给其他节点以下载服务，当然如果你下载整个账本，你就相当于是一个BT下载（Bit Torrent下载）网络中的种子了，之后一旦你打开计算机，除了更新最新的交易数据外（这部分更新仍然类似于BT下载），你也像BT下载中做种子上传一样，给其他节点提供账本共享服务，无数个你这样的节点就组成了一个P2P的区块链网络，因此这样一个共享式的公开账本完全不需要任何中心服务器就可以做到，而且它非常健壮，节点越多，越难摧毁。

7 什么是区块链节点?

节点指的是区块链网络中的计算机，包含手机、矿机和服务器等。操作一个节点的可以是普通的钱包用户、矿工，也可以多个人协作。例如，比特币属于公有链，当我们用自己已连接到互联网的计算机运行程序时，该计算机就是比特币网络中的一个节点。对于像比特币这样的公有链，理论上来讲，你下载完整的区块链，参与交易和挖矿，才算是节点。然而，在现在的比特币里，矿工、全节点、轻节点，甚至普通用户，在不同的语境下都可能被称为节点。

区块链节点的特点：①具有一定的存储空间。存储空间是指电子存储空间，包括日常的Micro SD卡（原名TF卡）、U盘（全称USB闪存盘）、移动硬盘和计算机等。②连接网络。需要有存储空间的设备通过网线连接网络。③可视化操作终端。手机、计算机等是目前主流的可视化操作终端。④参与区块链。要在连接网络的存储空间运行区块链相应程序，通过可视化操作终端进行交易。

节点的任务：当挖掘人员或用户试图通过协议的某种机制向区

块链添加一个新的事务块时，它将该块传输到网络的所有节点。根据块的合法性（签名和事务的有效性），节点可以接受或拒绝块。当一个节点接受一个新的事务块时，它将其保存并将它存储在已经存储的其他块上。综上所述，节点的作用包括：检查一个事务块是否有效，并接受或拒绝这个事务块；存储和存储事务块（存储区块链事务历史），将此事务历史传输并扩展到可能需要与区块链同步的其他节点（它们必须在事务历史中更新）上。

8 什么是区块高度？

区块链是一个个账单系统，每10分钟会把所有账单都打包成一个记录交易的区块。从最初的1个区块、2个区块慢慢累积，目前已经有了将近50万个区块。而比特币区块高度就是指生成了多少个区块。当某个团队宣布要分叉比特币时，都会提前说明将在比特币高度达到多少时进行分叉，如BCX（比特无限）宣布在比特币高度为498888时进行分叉，意思就是比特币生成到第498888个区块时执行分叉操作。

一般比特币大约10分钟生成一个新区块，所以根据比特币高度可以大致推算出分叉时间。但值得注意的是这个时间并不是绝对准确的，因为每次产生新的区块的时间可能比10分钟短一些。例如，上面说的BCX刚宣布分叉的时候，预计执行操作的时间是12月13日。但实际上12月12日下午6：30就达到了比特币高度498888，执行了分叉操作。

区块高度是区块的标识符。区块有两个标识符，一是区块头的哈希值，二是区块高度。区块头的哈希值是通过SHA-256算法对区块头进行二次哈希计算而得到的数字。区块哈希值可以唯一、明确地标识一个区块，并且任何节点通过简单地对区块头进行哈希计算都可以独立获取该区块哈希值。区块高度是指该区块在区块链中的位置。区块高度并不是唯一的标识符。虽然一个单一的区块总是会有一个明确的、固定的区块高度，但反过来却并不成立，一个区块高度并不总是识别一个单一的区块。两个或两个以上的区块可能有相同的区块高度，在区块链里争夺同一位置。

 ## 9 什么是智能合约？

智能合约是一种只有通过区块链才能实现的新技术。普通、标准的合同涵盖了当事人之间协议的条款，并且常通过法律来强制执行，而智能合约是数字化的，存储在区块链中，并使用加密代码强制执行协议。

换句话说，智能合约只是软件程序，与所有程序一样，它完全按照程序员的意图执行。智能合约就像编程应用程序一样：一旦出现，就去执行。基本上通过数学计算，智能合约可以协商协议中的条款，自动验证履行，甚至执行约定的条款，所有这些都不需要通过中央组织来批准。智能合约使公证人、代理人和律师等中间人几乎毫无意义。

智能合约的概念最初是由计算机科学家、密码学家尼克·萨博于1993年构思出来的。在1994年的一篇文章中，尼克写道："智能合约的总体目标是满足共同的合同条件（例如付款项、留置权、保密性，甚至强制执行），最大限度地减少异常及对可信中介的需求。"相关的经济目标包括减少欺诈损失、仲裁和执行成本及其他交易成本。现今存在的一些技术可以被视为粗略的智能合约，如POS终端、电子数据交换（EDI）及公共网络带宽的Agoric分配。

尽管智能合约在2009年比特币诞生时才出现一线生机，但以太坊完全接受了它，使得在其分布式账本中执行和存储智能合约成为可能。以太坊的平台专为执行智能合约而设计，使交易和首次代币发行（ICO）成为可能且无可挑剔。在许多方面，智能合约是所有区块链技术的基石。

实质上，区块链智能合约支持创建无须信任的协议。这意味着执行合约的双方可以通过区块链做出承诺，而无须相互了解或取得相互信任。合约内容经双方确认后，如果没达到触发条件，合约将不会被执行。除此之外，使用智能合约可以消除对中介的需求，从而显著降低运营成本。

多年来，虽然比特币协议也一直支持智能合约，但智能合约却经以太坊联合创始人维塔利克·布特林（Vitalik Buterin）之手，大受欢迎。值得注意的是，每个区块链网络可能会提供完全不同的智能合约。

10 什么是共识机制？

共识机制是分布式记账的核心规则。区块链的自信任主要体现于分布在区块链中的用户无须信任交易的另一方，也无须信任一个中心化的机构，只需要信任区块链协议下的软件系统即可实现交易。这种自信任的前提是区块链的共识机制（Consensus），即在一个互不信任的市场中，使各个节点达成一致的充分必要条件是每个节点出于对自身利益最大化的考虑，都会自发、诚实地遵守协议中预先设定的规则，判断每一笔记录的真实性，最终将判断为真的记录记入区块链之中。

换句话说，如果各节点具有各自独立的利益并互相竞争，则这些节点几乎不可能合谋欺骗你，而当各节点在网络中拥有公共信誉时，这一点体现得尤为明显。区块链技术正是运用一套基于共识的数学算法，在机器之间建立"信任"网络，从而通过技术背书而非中心化信用机构来进行全新的信用创造。

共识机制之所以在区块链技术中能够处于核心位置，最大的作用在于它从非对称加密和时间戳等密码学技术的角度制定好一套规则，所有参与者及其参与方式都必须遵守这套规则，并且规则透明、无法人为随意修改，因此，无须第三方权威机构的背书，它也能够发动全网的节点去共同监督、记录所有的交易情况，并以代码的形式公布，有效地实现了价值信息转移，解决或者更确切地说是在很大程度上改善了两个毫不相干、彼此互不信任的陌生人之间的信任问题，毕竟信任一个客观技术比信任一个主观的人风险更小。

另外，在区块链系统中，由于点对点网络下存在较高的网络延迟性，使得各节点所观察到交易事务的先后顺序出现一定差异，因此共识机制可以在很短一段时间内，对这段时间内发生的交易事务的先后顺序达成共识，来决定在区块链系统中谁负责生成新区块，以及维护区块链的有效统一。

　[提示] 关于共识机制的参考详文见附录B。

 ## 11 什么是隔离见证？

隔离见证通常简写为SegWit，是区块链的一种扩容方式。

目前区块链上每个区块内不仅记录了每笔转账交易的具体信息，即在哪个时间点账户收到或转出多少比特币，还包含了每笔交易的数字签名，并且数字签名占比较大。矿工在打包区块的时候需要用数字签名一一验证每笔交易，确认没有问题之后才会将该笔交易记录在区块里。隔离见证就是把区块内的数字签名信息拿出去，让每个区块可以承载更多笔交易，从而达到扩容目的的操作。

12 什么是加密数字货币？

加密数字货币（Digital Money）也被称为加密货币或数字货币，是一种基于节点网络和数字加密算法的虚拟货币。不依靠特定货币机构发行，也不与法定货币挂钩，但由于被公众所接受，所以可作为支付手段，也可以电子形式转移、存储或交易。

13 什么是通证（Token）？

通证在区块链领域可看作是一种可流通的加密数字权益证明。

1）权益证明：一种数字形式存在的权益凭证，代表一种权利，一种固有的内在价值和使用价值。

2）加密：为了防止篡改，保护隐私等。

3）可流通性：可以进行交易、兑换等。

14 什么是挖矿?

挖矿就是利用芯片进行一个与随机数相关的计算，得出答案后以此换取相应的加密数字货币作为奖励。

此前挖矿是利用计算机进行相关的计算来获取加密数字货币奖励，但随着算力的不断增加，使用计算机挖矿的成本越来越高。后出现了专门获取加密数字货币的机器，这种机器也就是所谓的矿机。

15 矿机是什么?

矿机是用于挖掘（生产）加密数字货币的机器。

广义地说，矿机可以是一切可以运行挖矿程序的机器，如专业矿机、家用计算机、智能手机、服务器、智能路由器、智能手表、智能电视机等。

狭义地说，矿机是指专业挖矿设备，如ASIC矿机、显卡矿机，以及一些币种的专属矿机（如IPFS矿机）等。

16 什么是算力?

算力（也称哈希率）是比特币网络处理能力的度量单位，即计算机（中央处理器）计算哈希函数输出的速度。

在通过挖矿得到比特币的过程中，需要找到其相应的解m，而对于任何一个64位的哈希值，要找到其解m，都没有固定算法，只能靠计算机随机的哈希碰撞，而一个挖矿机每秒钟能做多少次哈希碰撞，就是其算力的代表，单位写成Hash/s，这就是所谓的PoW（Proof of Work，工作量证明）机制。

 ## 什么是矿池、矿场？

在全网算力提升到了一定程度后，单台机器挖到块的概率变得非常低。这种现象的发展，促使一些Bitcoin Talk上的极客开发出一种可以将少量算力合并联合运作的方法，使用这种方式建立的网站便称作矿池（Mining Pool）。

矿池的收益分配主要有PPLNS、PPS、PROP三种形式。

所谓的比特币矿场，就是建造一个工厂，将数十台、数千台矿机放在一起进行数学运算和挖掘比特币。这涉及电力消耗问题。一个矿场的成本包含建设成本、设备成本、维护成本、网络成本和其他成本。

> [提示] 有关挖矿、算力、矿机和矿场等内容，请参考《【得得白话】算力与挖矿，为何总让币圈魂牵梦绕?》《【大文观链】ASIC：为什么没人用显卡挖比特币了?》《【大文观链】比特币算力和矿池集中化趋势有没有解?》。

18 什么是钱包、钱包地址、私钥、公钥？

加密数字货币钱包能提供钱包地址的创建、加密数字货币转账、每个钱包地址交易历史的查询等基础金融功能。

钱包一般分为冷钱包和热钱包，二者的主要区别是互联网是否能访问到密钥。

每个钱包地址都对应着一个公钥和一个私钥。私钥只有用户可以拥有，而公钥可公开发行配送，只要有要求即可取得。

例如，一个送信者需要传送一个信息给一个收信者，而信息的秘密性是必要的，送信者以收信者的公钥来加密，而仅有收信者的私钥能够对此信息进行解密。

 ## 19 什么是区块链的扩容？

当初为了保证比特币的安全性及稳定性，中本聪将区块的大小限制在1兆字节。然而随着区块链上交易数不断增长，每秒7笔交易的处理速度已经明显无法满足用户需求，所以便通过修改比特币底层代码的方式，达到提高交易处理能力的目的。

目前比特币扩容有两种技术方案：①通过改变区块链共识部分的内容，使区块容量变大；②把大量的计算移到链下，即通过侧链的技术解决问题。

> ↻ [提示] 更多关于区块链的扩容问题，请参考《【大文观链】链下交易：为什么交易所的处理速度这么快？》《【大文观链】分片技术是区块链扩容的完美解吗？》《【大文观链】透析DAG：区块链结构扩容的双刃剑》《【大文观链】链下交易方案的应用实例：闪电网络、雷电网络》。

技术开发篇

现在有哪些主流的区块链底层技术？

从比特币诞生至今，各种区块链系统和区块链应用不断出现，以下列举部分典型应用作为参考：

1）比特币（Bitcoin）是最早的真正意义的去中心化区块链技术。中本聪设计比特币的目的是实现一种完全基于点对点网络的电子现金系统。

2）以太坊（Ethereum）配备了强大的图灵完备的智能合约虚拟机，可以通过智能合约创建任何类型的应用，使开发人员开发区块链应用的门槛大大降低，因此可以成为一切区块链项目的母平台。目前基于以太坊的合约项目已达数百个，比较有名的有Augur、TheDAO、Digix等。尽管以太坊目前是优秀的区块链应用开发平台，但仍存在网络拥堵、扩展性不足、合约程序漏洞等不足。

3）IBM HyperLedger Fabric是Linux基金会所主导的Hyperledger（超级账本）的项目之一，是一个带有准入机制的企业级联盟链项目。为了适用于不同场合，采用模块化架构提供可切换和可扩展的组件，包括共识算法、加密安全、数字资产、智能合约和身份鉴权等服务。Hyperledger Fabric克服了比特币等公有链项目的缺陷，如交易吞吐量低、交易公开无隐私性及共识算法低效等问题，使得用户能够方便地开发商业应用。

4）EOS是以太坊替代品之一，是一个全新的区块链项目，也有能力处理智能合约。有趣的是，EOS代币最初建立在以太坊区块链上，即ERC-20令牌。在2018年6月主网发布后，团队开始将这些代币交换为由EOS区块链支持的官方EOS代币。与以太坊相比，EOS在一定程度上牺牲去中心化来提高性能，具有低延时、可扩展、便于修复、易用性高等优点，但EOS现今商业应用少，博彩类应用较多。并且，EOS网络屡遭攻击，安全隐患较大。

5）比特股（BitShares，简称BTS）是区块链历史上里程碑式的产品之一，截至目前仍然是完整度最高、功能最丰富、性能最强大的区块链产品之一。比特股可以看作是一个公司、货币甚至是一个社区。它提供的BitUSD等锚定资产是虚拟货币历史上的重要变革之一，能够极大地消除虚拟货币被人诟病的波动性大的问题。

6）瑞波（Ripple）是世界上第一个开放的支付网络，是基于区块链的点对点全球支付网络。通过这个支付网络，人们可以轻松、廉价并安全地把自己的金钱转账给互联网上的任何一个人，无论他在世界的哪个地方，并且可以转账任意一种货币，包括美元、欧元、人民币、日元或比特币，简便易行且快捷，交易确认在几秒以内完成，交易费用几乎为零，没有所谓的跨行异地及跨国支付费用。

21. 区块链由哪些结构组成？

区块链是由区块相互连接形成的链式存储结构，区块就是链式存储结构中的数据元素，其中第一个区块被称为创世区块。不同的公有链区块结构不尽相同，但是一般区块包括区块头和区块体，区块头主要用来存储本区块的一些相关属性，区块体则用来存储真实的交易数据记录。

以比特币区块为例，一个完整的区块由以下几部分构成：区块头（Blockheader）、交易计数器（Transaction Counter）、交易（Transactions）、区块大小（Blocksize）。

其中，区块头包含版本号、父区块哈希值、时间戳、难度系数、Nonce、默克尔根（Merkle Root）等要素。因为每个区块的区块头中都包含了它的父区块哈希值，所以每个区块通过其父区块哈希值就能一直追溯到创世区块（第一个区块）。

在交易列表中，一个区块的第一个交易为Coinbase交易，即由挖矿产生的比特币奖励，其余为当前区块经过验证的、区块创建过程中生成的所有交易记录。这些记录通过默克尔（Merkle）树的哈希运算过程生成唯一的默克尔根并记入区块头。

值得一提的是，观察比特币交易信息详情，可以从中理解比特币的交易模型——未花费的交易输出（Unspent Transaction Outputs，简称UTXO）。比特币并不是基于账户的方案，而是基于未花费的交易输出方案。这个和传统银行账户的思维完全不一样。在比特币区块链账本上记录了一笔笔交易，每一笔交易都有若干个交易输入（转账者），也就是资金来源，同时也有若干个交易输出（收款者），也就是资金去向。每一笔交易都要花费一笔输入，产生一笔输出，而产生的这笔输出就是未花费的交易输出。

22 数据存在哪里？是否每个节点都要有足够大的存储介质？

区块链采用分布式存储的方式，区块链的数据是由区块链节点使用和存储的，而多个节点通过网络进行连接最终形成了完整的区块链网络。

关于节点的大小，以比特币网络节点为例，有全节点（Full Node）、修剪节点（Pruning Node）、轻节点[Lightweight Node；或称简单支付验证（简称SPV）客户端]之分，这种分类方式基于两点差异：一是这个节点是否下载了最新且最完整的比特币区块链；二是该节点能否独立验证比特的转账交易，即能否独立实现作为一个节点的基本功能。

　　全节点下载了最新的完整区块链数据，是比特币网络的主心骨。使用此类节点的主要包括两类人：一是独立挖矿的矿工；二是使用默认设置运行比特币软件（Bitcoin Core）的用户。

　　修剪节点同样可以独立完成比特币转账确认，但是它并没把整个区块链都下载到本地。

　　轻节点一般使用在移动计算设备上，由于容量限制及对于便携性的高要求，人们通常不会下载区块链到本地。因此，钱包的运营者会通过SPV（Simple Payment Verification，简单支付验证）协议，将每个用户钱包中的转账与网上的完整区块链进行核对与确认。

　　在以太坊网络中，也有类似的全节点、轻节点、归档节点之分，所以并不是每个节点都需要巨大的存储空间，要根据节点的功能来选择。

23　区块链中的密码学是怎么应用的？

　　在区块链技术中，密码学机制主要被用于确保交易信息的完整性、真实性和隐私性。区块链中的密码学包括：布隆过滤器（Bloom Filter），哈希函数、加解密算法，数字证书与数字签名，同态加密，以及PKI（Public Key Infrastructure，公钥基础设施）体系等。

　　在比特币系统中使用了两个密码学哈希函数，一个是SHA-256，另一个是RIPEMD-160。RIPEMD-160主要用于生成比特币地址。SHA-256是构造区块链所用的主要密码哈希函数。

　　在HyperLedger Fabric区块链平台中，哈希函数主要用于检测未经授权的数据修改，以及签名者的身份识别和抗抵赖。在区块链中数字签名涉及公钥、私钥和钱包等工具，它有两个作用：一是证明消息确实是由信息发送方签名并发出来的；二是确定消息的完整性。

　　加密是为了防止信息被泄露，而签名是为了防止信息被篡改。对于非对称加密算法和数字签名来说，公钥的分发是非常重要的。理论上任何人可以公开获取对方的公钥。然而这个公钥有没有可能是伪造的？公钥在传输过程中有没有可能被篡改掉呢？一旦公钥自身出了问题，整个建立在其上的安全体系的安全性将不复存在。数字证书机制就是为了解决公钥可能被篡改的问题。

　　从上面可以得知，证书是公钥信任的基础。那么，怎么用证书来实现公钥的安全分发呢？在HyperLedger Fabric中，使用的是PKI体系来保证的。在非对称加密中，公钥可以通过CA（Certificate Authority）机制进行保护以防止公钥被篡改。而PKI体系核心解决的是管理和分发证书问题，在现代密码学应用领域处于十分基础和重要的地位。

> ₽ [提示] 更多关于区块链隐私和密码学内容，请参考《【大文观链】区块链隐私保护方案：群签名与环签名》《【大文观链】ECDHM：基于数学和密码学的隐私保护方案》。

24 什么是区块链中分布式数据存储？

　　区块链的本质是一个去中心化的数据库 。区块链技术的数据共享是一个分布式记账簿，其本质上是一个按照时间顺序串联起来的链，创世区块开始的所有交易都记录在区块中。交易记录等账目信息会被打包成一个个区块并进行加密，同时盖上时间戳，所有区块按时间戳顺序连接成一个总账本。区块链由多个独立、地位等同的节点按照块链式结构存储完整的数据，通过共识机制保证存储的一致性，一旦数据被记录下来，在一个区块中的数据将不可逆。

在传统的记账系统中，只有中心服务器才有记账权。

但是在区块链系统中，每一台计算机就是一个节点，一个节点就是一个数据库（服务器），任何一个节点都可以进行记账，而且直接连接另一个节点，中间不需要第三方服务器。当两个节点发生交易时，这笔交易会广播到其他所有节点（记账），从而达到防止交易双方篡改交易信息的目的。

区块链和互联网一样，由不计其数的节点联网组成，用户可以通过一台安装了区块链应用的设备成为这个区块链应用的节点，从而参与这个区块链的具体活动。

区块链构建了一个分布式结构的网络系统，从而保证数据库的严谨性。区块链专业的账本记录者也没有特定的中心位置和中心权限，而是通过自愿原则来建立一套任何人都可以参与记录信息的分布式记账体系，从而达到会计责任分散化，由整个网络的所有参与者共同记录的效果。数据库中的所有数据都实时更新并存放于所有参与记录的网络节点中。

 25 区块链的分布式存储是怎么保证安全性的?

由于区块链的块链结构，区块之间相互串成一条链条，如果想篡改数据，只篡改一个节点并没有用，需要同时篡改整条链上的节点才可以真正篡改数据，这种篡改难度极高，几乎不可能完成。通过数据加密和授权技术，存储在区块链上的信息是公开的，但是账户身份信息是加密的，只有在数据拥有者授权的情况下才能访问到，以此保证数据的安全和个人隐私。

区块链使用了协议规定的密码机制进行认证，保证数据不会被篡改和伪造，因此任何交易双方之间的价值交换活动都是可以被追踪和查询到的。

区块链技术块链结构的特质是如何抵御威胁的呢？

在区块链不断延长的过程中，区块不断被添加进链条，区块形成后，改变内容极其困难。这是因为网络上的每个区块都有一个关联的哈希值，以及之前区块的哈希值。哈希值是字符串（字母）和数字的组合。黑客设法修改区块上的交易信息时，会导致区块哈希值发生变化。黑客无法在这里停下来，因为他将需要修改下一个块中的信息，因为该信息仍将包含最初块中的哈希值，这样做也会改变此区块的哈希值。这种情况会不断发生，最终，黑客将需要更改链上的每个区块。

重新计算所有这些散列将需要巨大且不可能的计算能力。换句话说，一旦区块链添加了一个区块，它将变得非常难以编辑且无法删除。

另外为了解决信任问题，区块链网络已对要加入链并向链中添加块的计算机实施了测试。这些测试要求用户在参与区块链网络之前先"证明"自己。比特币采用一种称为PoW（工作量证明）的常用验证机制。

采用PoW（工作量证明）机制的计算机必须证明自己的能力，才有资格向区块链添加块。如何通过称为"挖矿"的过程解决复杂的数学问题？这听起来或读起来很容易，但实际并不是特别容易。根据统计数据，2019年2月解决比特币网络上的PoW问题的概率约为5.8万亿分之一。要以这些概率解决复杂的数学问题，计算机必须运行耗费大量电能和能量的程序。

采用PoW机制会使黑客无法进行攻击。如果黑客想协调对区块链的攻击，他们将需要像其他所有人一样以5.8万亿分之一的概率解决复杂的数学问题。组织此类攻击的成本肯定会超过收益。

目前共识机制大致有几种？各有什么区别？

比较常见的共识机制有九种：

（1）PoW（Proof of Work，工作量证明）机制——多劳多得

PoW机制中根据矿工的工作量来执行货币的分配和记账权的确定。算力竞争的胜者将获得相应区块记账权和比特币奖励。因此，矿机芯片的算力越高，挖矿的时间越长，可以获得的加密数字货币越多。

优点：算法简单，容易实现；节点间无须交换额外的信息即可达成共识；破坏系统需要投入极大的成本。

缺点：浪费能源；区块的确认时间难以缩短；新的区块链必须找到一种不同的散列算法，否则就会面临比特币的算力攻击；容易产生分叉，需要等待多个确认；永远没有最终性，需要检查点机制来弥补最终性。

目前基于PoW机制的加密数字货币有很多，如比特币、莱特币、狗狗币、达士币、门罗币等初期的加密数字货币。

（2）PoS（Proof of Stake，股权证明）机制——持有越多，获得越多

PoS机制采用类似股权证明与投票的机制，选出记账人，由它来创建区块。持有股权越多，特权越大，并且需负担越多的责任来产生区块，同时也具有获得更多收益的权利。PoS机制中一般用币龄来计算记账权，每个币持有一天算一个币龄，比如：持有100个币，总共持有了30天，那么此时的币龄就为3000。在PoS机制下，如果记账人发现一个PoS区块，他的币龄就会被清空为0，每被清空365币龄，将会从区块中获得0.05个币的利息（可理解为年

利率5%）。

优点：在一定程度上缩短了共识达成的时间；不再需要大量消耗能源挖矿。

缺点：还是需要挖矿，本质上没有解决商业应用的痛点；所有的确认都只是一个概率上的表达，而不是一个确定性的事情，理论上有可能存在其他攻击影响。

最先开始运用PoS机制的区块链项目是2012年诞生的Peer Coin，以太坊前三阶段均采用PoW机制，在第四阶段开始以太坊将采用PoS机制。此外，量子链和BlackCoin都采用PoS机制。

（3）DPoS（Delegated Proof of Stake，股权授权证明）机制

DPoS与PoS的主要区别在于节点选举若干个代理人，由代理人验证和记账，但其监管、性能、资源消耗和容错性与PoS相似。可通俗地理解为类似于董事会投票，持币者投出一定数量的节点，由节点进行代理验证和记账。

整个投票模式是：成为代表——授权投票——保持代表诚实——抵抗攻击。

优点：大幅减少参与验证和记账节点的数量，可以达到秒级的共识验证。

缺点：共识机制还是需要代币，而很多商业是不需要代币的。

（4）PBFT（Practical Byzantine Fault Tolerance，实用拜占庭容错）算法——分布式一致性算法

PBFT算法在保证活性和安全性的前提下提供了$(N-1)/3$的容错性。在分布式计算上，不同的计算机通过信息交换尝试达成共识，但有时候系统上协调计算机（Coordinator/Commander）或成员计算机（Member/Lieutanent）可能因系统错误并交换错的信息，影响最终的系统一致性。拜占庭将军问题（Byzantine Generals Problem）就根据错误计算机的数量，寻找可能的解决办法，这无法找到一个

绝对的答案，但可以用来验证一个机制的有效程度。

而拜占庭问题的可能解决方法为：在$N \geqslant 3F+1$的情况下一致性是可能解决的。其中，N为计算机总数，F为有问题计算机总数。信息在计算机间互相交换后，各计算机列出所有得到的信息，以大多数的结果作为解决办法。

优点：系统运转可以脱离币的存在，PBFT算法共识各节点由业务的参与方或监管方组成，安全性与稳定性由业务相关方保证；共识的时延为2～5秒，基本达到商用实时处理的要求；共识效率高，可满足高频交易量的需求。

缺点：当有1/3或以上记账人停止工作后，系统将无法提供服务；当有1/3或以上记账人联合作恶，并且其他所有的记账人被恰好分割为两个网络孤岛时，恶意记账人可以使系统出现分叉，但是会留下密码学证据；去中心化程度不如公有链上的共识机制；更适合多方参与的多中心商业模式。

讲通俗些就是PBFT算法是采用"少数服从多数"来选举领导者并进行记账的共识机制，该机制允许拜占庭容错，允许强监管节点参与，具备权限分级能力，性能高，耗能低，而且每一轮记账都会由全网节点共同选举领导者，允许33%的节点作恶，容错性为33%。

（5）DBFT（Delegated BFT，授权拜占庭容错）算法

DBFT算法在PBFT算法的基础上进行了改进：①将C/S（客户机/服务器）架构的请求响应模式改进为合适P2P网络的对等节点模式；②将静态的共识参与节点改进为可动态进入、退出的共识参与节点；③为共识参与节点的产生设计了一套基于持有权益比例的投票机制，通过投票决定共识参与节点（记账节点）；④在区块链中引入数字证书，解决了投票中记账节点真实身份的认证问题。

优点：专业化的记账人；可以容忍出错；记账由多人协同完成；每个区块都有最终性，不会分叉；算法的可靠性有严格的数学证明。

缺点：当1/3及以上的记账人停止工作后，系统将无法提供服务；当1/3及以上的记账人联合作恶，并且其他所有的记账人被恰好分割两个网络时，恶意记账人就可以使系统出现分叉。

总之，DBFT算法最核心的一点就是最大限度地确保系统的最终性，使区块链能够适用于真正的金融应用场景。

（6）DAG（Directed Acyclic Graph，有向无环图——无区块链概念

DAG最初出现就是为了解决区块链的效率问题。其通过改变区块的链式存储结构，通过DAG的拓扑结构来存储区块。在区块打包时间不变的情况下，网络中可以并行打包N个区块，网络中的交易就可以容纳N倍。之后，DAG脱离区块链，提出了无区块（Blockless）的概念。新交易发起时，只需要选择网络中已经存在的且比较新的交易作为链接确认，这一做法解决了网络宽度问题，大大加快了交易速度。

优点：交易速度快；无须挖矿；极低的手续费。

缺点：网络规模不大，导致极易成为中心化；安全性低于PoW机制。

（7）Pool验证池——私有链专用

Pool验证池基于传统的分布式一致性技术，加上数据验证机制；之前曾是行业链大范围使用的共识机制，但是随着私有链项目的逐渐减少，其渐渐开始势微。

优点：不需要代币也可以工作，在成熟的分布式一致性算法（Pasox、Raft）基础上，实现秒级共识验证。

缺点：去中心化程度不如Bitcoin；更适合多方参与的多中心商业模式。

（8）Ripple——RPCA（Ripple Protocol Consensus Algorithm，瑞波共识机制）

RPCA是一个类似PBFT算法的共识机制，属于节点投票的共识机制。初始特殊节点列表就像一个俱乐部，要接纳一个新成员，必须由51%的该俱乐部会员投票通过。共识遵循这核心成员的51%权利，外部人员则没有影响力。由于该俱乐部由中心化开始，它将一直是中心化的，而如果它开始腐化，股东们什么也做不了。与比特币及点点币一样，瑞波系统将股东们与其投票权隔开，并因此比其他系统更中心化。Stellar（恒星支付系统）的共识机制SCP（Stellar Consensus Protocol，恒星共识协议）就是在RPCA的基础上演化而来的。

（9）Hcash——PoW+PoS机制

Hcash采用混合共识机制后，有Hcash的用户与矿工均可以参与到投票中，共同处理Hcash社区的重大决定。

Hcash的PoS机制还为不合格的矿工提供了一个制衡机制；通过PoS+PoW机制公平的按持币数量与工作量分配投票权重，可以实现社区自治；PoW机制使Hcash有挖矿的硬性成本作为币价的保证，又制约了单独PoS机制里加密数字货币过于集中的问题；PoS机制让中小投资者着眼于项目的中长期发展，中小投资者更倾向于把币放在钱包里进行股权证明而不是放在交易所随时准备交易，因此使Hcash生态更加健康，人们会将注意力更多地放在Hcash技术与落地应用上，而不是仅仅关注短期的价格波动；在安全性上，由于PoW机制必须通过PoS机制的验证才可生效，PoW矿工不能自行决定并改变网络规则，这有效地抵挡了51%攻击。

[提示] 关于51%攻击的参考详文见附录C。

区块链是否有性能瓶颈？

　　区块链的性能指标主要包括交易吞吐量和延时。交易吞吐量表示在固定时间内能处理的交易数；延时表示对交易的响应和处理时间。在实际应用中，需要综合两个要素进行考察——只使用交易吞吐量而不考虑延时是不正确的，长时间的交易响应会阻碍用户的使用从而影响用户体验；只使用延时不考虑交易吞吐量会导致大量交易排队，某些平台必须能够处理大量的并发用户，交易吞吐量过低的技术方案会被直接放弃。

　　目前，比特币理论上每秒最多只能处理7笔交易，每10分钟出一个区块，相当于交易吞吐量为7，交易延时为10分钟。实际上，等待最终确认需要6个左右的区块，也就是说实际交易延时是1小时。以太坊稍有提高，但也远远不能满足应用需求。所以，区块链现有技术是有性能瓶颈的。

　　从区块链技术来看，目前影响区块链性能的因素主要包括广播通信、信息加解密、共识机制、交易验证机制等几个环节。例如，共识机制的目标是为了使参与节点的信息一致，但在高度分散的系统达成共识本身就是一件耗时的任务，如果考虑有节点作恶，这会更加增加处理的复杂性。

 区块链如何做到数据共享？

　　区块链技术关心的并非是数据的共享，而是数据控制权限的共享，此处的权限主要是指数据的修改和增加的权利，它主要包含两个含义：一是谁可以进行数据的修改；二是以何种方式进行修改。

在互联网模式下，数据读取、写入、编辑和删除一般都伴随着身份认证操作，只有特定的人才能对数据进行修改，而在区块链模式下，尤其是公有链体系下，任何人都可以参与对数据的读写，并且以分布式账本的方式构建一个去信任的系统，参与读写的各个组织或个体可以互不信任，但能对系统存储数据的最终状态达成共识。

简单地说，区块链式共享和互联网式共享的本质区别在于区块链共享的不仅仅是数据，而是数据的控制权。

由于网站运营方完全控制了中央服务器，这些组织可以随意地编辑和处理数据。虽然组织也需要在一定的法律和协议下完成数据修改等操作，但由于其是掌握资源的一方，个人用户很难享有完全的控制权。

举一个简单的例子，某个用户上传了一张照片到网站平台上，并且希望朋友们能看到这张照片。排除一些非法要素，这张照片最后的控制权归谁呢？显然，从用户的角度来看，这张照片是归自己所有的，但事实上，这些社交网站才是真正的控制方，他们可以随意地进行修改，用户却毫无办法。也就是说，在现有互联网体系下，只要掌握了网站平台的运营权，就能完全地控制平台上的数据。

而在区块链体系下，数据不被任何权威方掌握，其权限是由规则来进行控制的，这些规则的主要目标是来规定什么样的信息是有效的，同时还规定了参与者应当如何对其进行反馈。

这些规则通常是预先定义的，加入区块链网络的参与者必须遵守规则。当然，从技术上来说，参与者可以自行忽略某些规则，并根据自身利益来构建一些无效的数据。但是，由于区块链共识机制的存在，其他参与者可以根据预定义的规则将这些无效数据排除在网络之外。

总的来说，区块链根据技术层面的规则体系来规范数据的写入行为，而互联网是通过权力和资源来控制数据，这是区块链式共享和互联网式共享的根本区别。

区块链是以权限分享的形式，让每个参与者同时作为数据的提供方、验证方和使用方，共同维护区块链数据的安全性和有效性。

29 为什么区块链可以做到不可篡改？

区块链是区块从零开始有序地连接在一起的，每个区块都指向前一个区块，称为前一个区块的子区块，而前一区块称为父区块。

每个区块都有一个区块头，里边包含着父区块头通过算法生成的哈希值，通过这个哈希值可以找到父区块。当父区块有任何改动时，父区块的哈希值也发生变化。这将迫使子区块哈希值字段发生改变，以此类推，后边的区块都会受到影响。一旦一个区块有很多"后代"以后，除非重新计算此区块所有"后代"的区块，但是这样重新计算需要耗费巨大的计算量，所以区块链越长则区块历史越无法改变。

现在每秒都有新的交易产生，所以需要趁着新的交易没有产生的那一瞬间，快速运算出破解程序的结果，从而实现篡改。但以目前计算机的能力来看，攻击所用的时间比正常的交易时间多得多，所以基本不可能伪造成功。

另一种方式是掌握全部节点的50%以上的节点来篡改，这就相当于相同的一个账本，分散记录在互联网任何一个角落的计算机上，除非能控制这里大多数的计算机，但这是非常难以实现的，否则将不可能进行篡改。

30　区块链系统中不同节点之间是如何建立信任的?

在区块链系统中,不存在任何中心化节点帮助它们互相连接,当一个节点A第一次加入网络中时,它首先会通过一种算法找到距离它最近的一个网络节点。

节点将一条包含自身IP地址的消息发送给相邻节点,相邻的节点再将这条消息向与自己连接的节点进行分发广播,以此类推,最终导致新节点的IP地址在全网进行分发,每个网络节点都知道节点A的地址,可以与之建立直接连接。

节点A在找到相邻最近的节点之后,还会向与它相邻的节点索要它们已知节点的IP地址列表,拿到这些节点的IP地址列表之后,节点A便可以主动与这些节点建立直接连接。

当节点A加入网络之后,一般会与正活跃的节点连接。如果难以找到这样的节点,节点A会根据自己得到的IP地址列表,来找到那些长期稳定运行的节点,这种节点就是种子节点,通过种子节点能够帮助节点A更快速地发现网络中的其他节点。

新节点建立更多的连接,使节点在网络中被更多节点接受,保证连接更稳定。

31　区块链分叉是什么? 为什么会分叉?

在中心化系统中,软件升级极其简单,只需要打补丁或对其某些功能的兼容性等迭代更新。而在去中心化系统中,升级远没有那么简单轻松，其需要链上各节点或交易方达成共识。在一些重大功能上的改善时，常会遭到社区某些人的反对，一旦有超过一半的人不同意，那么他们就得选择其他途径，创造他们自己的协议和分支区块链，于是分叉也就随之发生。

区块链分叉其实是区块链系统升级导致的，每次升级可能会伴随着区块链的共识规则改变，这会导致整个网络中升级了系统的节点与未升级系统的节点在不同的规则下运行，从而导致旧有的那些"尚未更新"的节点，不能参与到新的共识机制中，而这些没有更新的链，会被保留在单独原先的链上，从此两条链就分道扬镳，互不干预彼此的验证与广播区块，这就是区块链分叉。

由于有去中心化架构，比特币等数字资产每次的代码升级过程都需要获得比特币或某区块链社区的共识和一致同意，如果比特币社区无法达成一致，区块链很可能形成分叉。

历史上最经典的分叉主要有两个，一个是以太坊的君士坦丁堡硬分叉，另一个是比特币的BCH（比特币现金）硬分叉。

（1）以太坊硬分叉

2016年6月，以太坊项目TheDAO被黑客攻击，损失了价值超过6000万美元的以太币（ETH），随后以太坊团队通过回滚的方式"追回"了被黑客盗取的资产，但一部分社区成员认为此举有违区块链不可回滚、不可篡改的基本精神仍然坚持要维护旧链，自此分裂出以太坊ETH和以太经典ETC两个独立的区块链项目，对应不同的共识理念。

在以太坊的"升级"中，需要经历四个主要阶段：前沿（Frontier）、家园（Homestead）、大都会（Metropolis）、宁静（Serenity）。大都会阶段包含拜占庭硬分叉和君士坦丁堡硬分叉，而这个阶段也就是以太坊从PoW机制向PoS机制过渡的过程。2019年3月1日凌晨，期待已久的以太坊君士坦丁堡升级终于在第7280000

个区块迈出了历史性的一步，区块奖励降至2个，日产量降低4000余个。至此完成升级和分叉。

（2）比特币的BCH（比特币现金）硬分叉

2017年8月，为解决比特币交易拥堵、手续费奇高等问题，比特币核心开发团队Bitcoin Core提出"隔离见证＋闪电网络"的扩容方案，但另一派则认为应该直接在链上扩容，支持大区块（将区块大小提升至8兆字节）。由于扩容方案理念不一致，于是在UTC时间2017年8月1日，位于比特币区块高度478558，比特币网络发生了分叉，比特币区块链分裂为BTC及BCH（比特币现金）两条链。比特币持币者在分叉后除了原有的加密数字货币BTC外，还可以获得1：1数量对应的分叉币BCH。

> [提示] 关于以太坊的硬分叉，请参考《【链得得】区块链2.0
> 进化论，直击以太坊"君士坦丁堡"硬分叉》。
> 关于比特币的BCH硬分叉，请参考《【专题报道】直击BCH硬
> 分叉风波：算力堡垒的天王山之战》。

32　区块链分叉后是分别独立的吗？

区块链分叉分为两类，一类是硬分叉，另一类是软分叉。两者最大的区别在于是否兼容旧版本协议。硬分叉对旧版本协议完全不兼容，而软分叉是可以兼容的。

（1）硬分叉

硬分叉不能兼容旧版本，就是说旧版本用户不升级就不能识别到新版本创建的内容。假设Office2019不再支持.doc文档了，仅仅支持.docx文档，那么Office2007用户就再也不能查看Office2019创建的

文档了，必须升级才能查看，这样就造成Office2007的文档不能和Office2019的文档互通，于是形成了两条路，Office2007的用户继续使用Office2007，但不能和Office2019用户互通。这就是硬分叉，产生硬分叉后会形成两条链路。硬分叉的优点在于使用新版本的用户所有校验方式完全一样，不用担心安全问题；缺点在于不能与旧版本兼容，需要强制旧版本用户更新，这样可能会造成网络不稳定。

（2）软分叉

软分叉能够兼容旧版本，相当于旧版本也能识别新版本的内容。就像是Office2019创建的.doc文档，Office2007版本也能打开。Office版本虽然升级了，但能够兼容旧版本，使得旧版本也能识别新版本的内容。软分叉的优势就是让使用Office2007版本的用户不用升级也能正常打开Office2019版本创建的.doc文档。对应区块链来说，软分叉的优点就是能保持同一条链，不用担心旧版本与新版本的冲突，不会生成新的链条。然而，软分叉也会有缺点，即旧版本的校验方式或多或少会与新版本的不一样，如此会导致安全性降低。

所以，硬分叉后链是分别独立的，而软分叉不是。

33 区块链密码朋克是什么？

所谓朋克，就是一些主张彻底破坏然后彻底重建的人，最早指的是一些奇装异服的音乐人。但是密码朋克都是一些密码学的高手，他们主张用密码学的方式来最大化地保证个体隐私。

中本聪的《比特币：一种点对点的电子现金系统》最早发布于密码朋克。据统计，比特币诞生之前，密码朋克的成员讨论、发明过失败的加密数字货币和支付系统多达数十个。

首先，密码朋克是一个社区。任何思潮在早期都会有一些支持者，在互联网早期很常见的一种组织形式是支持者们会去创建一个邮件列表，密码朋克也不例外。该邮件列表的创始人有三位：第一位是Intel的资深科学家蒂莫西·C. 梅（Tim C. May）；第二位是美国计算机顶级名校加利福尼亚大学伯克利分校的数学家埃里克·休斯（Eric Hughes）；第三位是开源软件的早期核心人物之一的约翰·吉尔摩（John Gilmore），会Linux的同学一般都用过DHCP这个命令来分配网址，没错John就是DHCP之父。

其次，密码朋克运动可以认为是保护隐私的运动。区块链的技术和文化根源就是密码朋克运动。1993年是个大年，蒂莫西·C. 梅、埃里克·休斯和约翰·吉尔摩坐在咖啡馆里，一起讨论出了《密码朋克宣言》，宣告着密码朋克正式成为一项运动。

密码朋克运动的主要思想包括：无隐私，无自有；隐私不是秘密，密码朋克不是黑客；匿名通信系统和支付系统是保护隐私必不可少的基础设施；任何组织都是不可靠的，只有密码学是靠得住的。

最后一点，密码朋克要懂密码学。密码朋克目前也用来泛指密码学专家，他们支持用加密技术来保护用户隐私。宣言里也明确指出："密码朋克要会写代码。"写代码的目的是要维护隐私。

 区块链地址是什么？

区块链地址是公钥进行了一系列的转换而获得的，其中主要的是进行了多重的哈希运算。

由于转换过程中采用了不可逆的哈希运算，所以无法从地址反向运算出公钥，因此还是安全的。

一个区块上可以有几笔交易？

　　以比特币区块为例，一个区块大小上限大概是1兆字节左右，每一笔交易包含的信息不同，所占空间大小也不一样，平均算下来一个交易大小在250字节左右，那么一个区块最多能容纳3000笔左右的交易。

　　如果一笔比特币交易被合法创建，会被资金所有者签名，那么该笔交易就是有效的，它包含了资金转移时所需的所有信息，如该笔交易的交易时间、交易金额、交易币种数量等。而资金所有者签名由用户的私钥来创造，并且该签名是加密不可被篡改的。

 比特币交易的证明为什么需要确认6个以上区块？

　　为了避免双花（也叫双重支付，即一笔钱被花了两次或两次以上）造成的损失，一般认为，等6个区块确认后的比特币交易基本上就不可篡改了。举个例子来解释双花过程：假设小黑给大白发了666BTC，并被打包到第N个区块。没过几分钟，小黑反悔了，通过自己控制的超过50%的算力，发起了51%算力攻击，通过剔除发给大白的666BTC那笔交易，重组第N个区块，并在重组的第N个区块后面继续延展区块，使之成为最长合法链。

　　一般来说，确认的区块数越多则越安全，被51%攻击后篡改、重组的可能性也越低，所以6个区块并不是硬性的规定，只是说有了6个区块，被篡改的可能性较低。对于大额交易，当然是区块越多越好，但是对于小额效益，1个区块就够了。

37 工作量证明难度怎么计算？

难度值与产生合法区块的哈希运算次数有关，在全网算力不断变化的情况下，需要维持平均10分钟出1个区块，难度值必须根据全网算力的变化进行调整。

$$难度值 = \frac{最大目标值}{目标值}$$

其中，最大目标值为一个恒定值：

0x00000000FFFFFFFFFFFFFFFFFFFFFFFFFFFFFFFFFFFFFFFFFFFFFFFFFFFFFFFFFFFFFFFFFFFF

难度值的大小与目标值呈反比关系。

也可以简单理解成，比特币工作量证明的过程，就是通过不停地变换区块头（即尝试不同的随机值）作为输入进行SHA-256哈希运算，找出一个特定格式哈希值的过程（即要求有一定数量的前导0）。而要求的前导0的个数越多，代表难度越大。

38 如何搭建公有链？

公有链是区块链底层协议。公有链为区块链搭建分布式数据存储空间、网络传输环境、交易和计算信道，利用加密算法保证网络安全，通过共识机制和激励机制实现节点网络的正常运行。公有链提供的API可供开发者调用，以开发符合公有链生态的应用。

比特币是区块链上的第一代公有链。中本聪因此大幅删减了许多脚本指令，所以其安全性极高。但比特币的脚本语言是图灵不完备的，不能执行循环语句，可扩展性差，许多高级应用无法建立在比特币脚本之上。

区块链上的第二代公有链以太坊，是一个具备图灵完备脚本的公共区块链平台，被称为"世界计算机"。除进行价值传递外，开发者还能够在以太坊上创建任意的智能合约。然而，当前的以太坊网络存在扩展性不足、安全性差、开发难度高及过度依赖手续费等问题，区块链的大规模商用遭遇了发展瓶颈。

第三代公有链定位于能大规模商用，与实际资产和真实价值相关联，推动实体经济发展。目前正在竞争区块链3.0时代的公有链项目有EOS、Cardano、Bytom等，但这些公有链项目多数处于理论论证及测试阶段，少数主链完成开发的项目也仍处于早期探索阶段。而技术储备充足、财力雄厚的以太坊仍在不断自我迭代，区块链3.0时代的公有链之争正可谓群雄逐鹿。

互联网世界里的核心资源要素包括存储资源、传输资源、运算资源三个方面，区块链技术作为互联网世界的延伸，其核心资源要素与互联网有很大的相关性。同时，区块链是信任的机器，还承载着价值传输的使命，因而区块链世界的核心资源要素可归结为存储资源、传输资源、运算资源和共识机制所产生的信任资源四个方面。

可以将区块链的架构分为五个层面，分别为数据层、网络层、共识层、合约层和应用层，我们将其中的核心技术要素提炼成五个维度，包括可扩展性和传输技术、系统安全、分布式存储、监管兼容性和共识机制。

1）可扩展性和传输技术。可扩展性包括系统节点数和交易吞吐能力两个方面，由区块容量、出块周期和节点间的传输速度等因素决定。可扩展性和传输技术相辅相成。

2）系统安全。系统安全包括双花攻击、交易及合约漏洞的防范机制，身份识别和匿名性，以及数据库安全等方面。

3）分布式存储。分布式存储充分利用节点存储资源，解决区块链系统中日益增长的数据存储需求，提高系统传输效率，保证分布式账本的安全可靠运行。

4）监管兼容性。区块链最核心的理念是去中心化，许多区块链技术在设计之初即将中心化视为对立面。区块链的去中心化思维难免会和中心化的传统监管之间产生冲突和摩擦。因此，公有链架构中与现实中心化世界的兼容性设计将是公有链大规模应用的前提。

5）共识机制。共识机制鼓励更多的节点参与其中，增加系统的去中心化属性。而在多数公有链中，节点数量与传输速率成负相关关系，节点数量和系统性能的平衡是共识机制需要考虑的另一个要素。

 公有链有哪些必须要知道的概念？

（1）零知识证明

零知识证明（Zero-Knowledge Proofs，简写为ZKPs）指的是证明者能够在不向验证者提供任何有用信息的情况下，使验证者相信某个论断是正确的协议。看上去非常复杂，但实现的方式很简单：A要向B证明他知道特定数独的答案，但又不能告诉B这个数独的解。B可以随机指定某一行、列或九宫格，A将这一行、列、九宫格里所有的数字按照从小到大的顺序写下来，其中包含了1～9的所有数字，就可以证明A的确知道这个数独题目的答案。

在这个过程当中，一旦A提前知道了B指定的行、列或九宫格，就可以在验证过程中作弊，所以B需要一个真正的随机数来确保这个验证方式是安全的。

在区块链中，节点之间利用零知识证明的方式就可以在不向验证者提供任何有用信息的情况下，使验证者相信这个区块是合法的。

（2）非对称加密算法

非对称加密算法也叫公开密钥密码学（Public-Key Cryptography），是密码学的一种算法，它需要两个密钥，一个是公开密钥，用作加密，另一个是私有密钥，用作解密。使用其中一个密钥把明文加密后所得的密文，只能用相对应的另一个密钥才能解密得到原本的明文，甚至连最初用来加密的密钥也不能用作解密。由于加密和解密需要两个不同的密钥，故被称为非对称加密，其不同于加密和解密都使用同一个密钥的对称加密。虽然两个密钥在数学上相关，但如果知道了其中一个，并不能凭此计算出另外一个。因此其中一个可以公开，称为公钥，任意向外发布；不公开的密钥为私钥，必须由用户自行严格秘密保管，绝不透过任何途径向任何人提供，也不透露给被信任的要通信的另一方。

（3）公有链的"不可能三角"

公有链的"不可能三角"是指在公有链设计的过程当中，安全性、去中心化和高交易吞吐量三者无法同时实现，必须对其中一种进行妥协。

（4）拜占庭将军问题

拜占庭将军问题（Byzantine Generals Problem）是由莱斯利·兰波特（Leslie Lamport）在其同名论文中提出的分布式对等网络通信容错问题。

在分布式计算中，不同的计算机通过通信网络交换信息达成共识而按照同一套协作策略行动。但有时候，系统中的成员计算机

可能出错而发送错误的信息，用于传递信息的通信网络也可能导致信息损坏，这使网络中不同的成员关于全体协作的策略得出不同结论，从而破坏系统一致性。拜占庭将军问题被认为是容错性问题中最难的问题类型之一。

具体来说，拜占庭将军问题是一个思想实验，即一组拜占庭将军分别各率领一支队共同围困一座城市。各支军队的行动策略限定为进攻或撤退两种。因为部分军队进攻而部分军队撤退可能会造成灾难性后果，因此各位将军必须通过投票来达成一致策略，即所有军队一起进攻或所有军队一起撤退。因为各位将军分处城市的不同地方，他们只能通过信使互相联系。在投票过程中，每位将军都将自己投票给进攻还是撤退的信息通过信使分别通知其他将军，这样一来每位将军根据自己的投票和其他所有将军送来的信息就可以知道共同的投票结果而决定行动策略。

问题在于，将军中可能出现叛徒，他们不仅可能向较为糟糕的策略投票，还可能选择性地发送投票信息。假设有9位将军投票，其中有1名叛徒。8名忠诚的将军中出现了4人投进攻，4人投撤退的情况。这时候叛徒可能故意给4名投进攻的将军送信表示投票进攻，而给4名投撤退的将军送信表示投撤退。这样一来在4名投进攻的将军看来，投票结果是5人投进攻，从而发起进攻；而在4名投撤退的将军看来则是5人投撤退。这样各支军队的一致协同就遭到了破坏。

由于将军之间需要通过信使通信，叛变将军可能通过伪造信件来以其他将军的身份发送假投票。而即使在保证所有将军忠诚的情况下，也不能排除信使被敌人截杀，甚至被敌人间谍替换等情况，因此很难通过保证人员可靠性及通信可靠性来解决问题。

假设那些忠诚（或是没有出错）的将军仍然能通过多数投票结果来决定他们的战略，便称达到了拜占庭容错。在此，投票都会有一个默认值，若消息（票）没有被收到，则使用此默认值来投票。

40 如何实现去中心化与构建分布式账本？

（1）实现去中心化

在《比特币：一种点对点的电子现金系统》中，中本聪详细地解释了他是如何设计这个系统的。其中，他确立了此后所有区块链系统的主要设计原则。

1）一个真正的点对点电子现金应该允许从发起方直接在线支付给对方，而不需要通过第三方金融机构。

2）现有的数字签名技术虽然提供了部分解决方案，但如果还需要经过一个可信的第三方机构来防止（电子现金的）"双重支付"，那就丧失了（电子现金带来的）主要好处。

3）针对电子现金会出现的"双重支付"问题，点对点的网络技术提供了解决方案。

4）该网络给交易记录打上时间戳（Timestamp），对交易记录进行哈希散列处理后，将之并入一个不断增长的链条中，这个链条由哈希散列过的工作量证明组成，如果不重做工作量证明，以此形成的记录无法被改变。

5）最长的链条不仅仅作为被观察到的事件序列的证明，而且证明它是由最大的中央处理器处理能力池产生的。只要掌控多数CPU处理能力的计算机节点不（与攻击者）联合起来攻击网络本身，它们将生成最长的链条，把攻击者甩在后面。

6）这个网络本身仅需要最简单的结构。信息尽最大努力在全网广播即可。节点可以随时离开和重新加入网络，只需要（在重新加入时）将最长的工作量证明链条作为在该节点离线期间发生的交易证明即可。

（2）构建分布式账本

比特币的区块链是基于工作量证明形成的带时间戳、存储数据的数据块和由哈希指针连接成的链条。

这个链条或者说账本以分布式的方式存储在比特币网络的各个节点上，因而也被称为分布式账本。

关于如何构建分布式账本，链得得App上也有详细记载：和传统的独立记账方式不同的是，分布式账本是一个去中心化的全民参与的共享账本。分布式账本属于一种去中心化的记录技术。

可以从下面四个角度来理解：①系统上的节点可能不属于同一组织，彼此互相不信任；②账本数据由所有节点共同维护，每个节点都能复制一份记录；③在一个网络里的参与者可以获得一个唯一、真实账本的副本；④账本记录可以由一个、一些或所有参与者共同进行更新。分布式账本记账特点如图2-1所示。

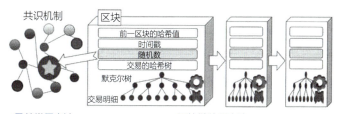

图2-1　分布式账本记账特点

简单来说，分布式账本的实质与我们平时所见到的账本并无差异，无非是在原有的账本前边加了个形容词——分布式。所谓分布式，是指该账本由所有用户共同负责来记录更新，而非特定的某一个人或组织。不依靠单个中心的区块链分布式记账模型如图2-2所示。

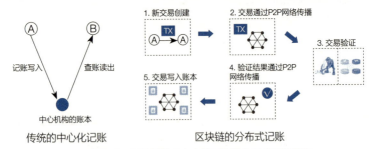

传统的中心化记账　　　　　　　区块链的分布式记账

图2-2　不依靠单个中心的区块链分布式记账模型

分布式账本、去中心化和智能合约同为区块链技术的三大基石。区块链可成为数据溯源和精确查询的核心工具，为不同数据领域建立真正的权威数据模型。

1）数据权限。这种权限不仅说明了数据出处，还规定了数据所有权（精确性、更改、生命周期管理等权限）及数据最终权威版本的位置。

2）数据精确性。精确性是数据的关键特性，意味着任何对象的数据值记录都是正确的，可以代表正确的价值，形式和内容都与描述对象一致。

3）数据访问控制。区块链解决方案可以分别跟踪公共和私人信息，包括数据本身的详细信息、数据对应的交易及拥有数据更新权限的人。

以上三点就是分布式账本关心的问题，而区块链更关心安全性、去中心化的共识机制问题。所以，分布式账本就是区块链的一种改良形式，以牺牲去中心化而实现监管部门所关心的数据权限与数据访问控制。

第十二届全国政协副主席、中国人民银行前行长周小川在2019年11月的国际金融论坛（IFF）第16届全球年会上表示，金融科技将为全球金融业带来很多机遇，如互联网支付和分布式账本技术，需要专家更深入地讨论这些新的发展趋势。

 量子计算机能否摧毁比特币？

微软的研究表明，解开椭圆曲线离散对数所需的量子位比需要4000量子位的2048位RSA还要少。然而，这些都是完美的"逻辑"量子位。由于误差校正和其他必要步骤，我们需要更多的物理量子位。约翰·普雷斯基尔（John Preskill）在他的量子信息讲座中提到，一个标准的256位密钥大约需要2500量子位，破解这个密钥需要1000万个物理量子位和1万个逻辑量子位的量子计算机。

目前的量子技术距离这个里程碑还相差甚远。IBM宣布他们在2017年年底实现了一个50量子位的系统；谷歌在2018年年初宣布实现72量子位；使用离子阱的IonQ公司发布了一款包含160量子位的量子计算机，并对其中的79量子位执行了运算；D-Wave发布了自己的2048量子位系统，然而，它是一个量子软化装置，不能用于舒尔（Shor）算法。

最终要建立的是足够大型量子计算机用于化学、优化和机器学习。不过，虽然目前能够完成这些任务的大型量子计算机还遥不可及，但正在流通当中的加密数字货币日后可能会受到这类量子计算机的影响。

 区块链项目的代码都需要开源吗？为什么？

区块链是一个共识机制，这意味着参与者必须是透明的，也就是说，这种运行的代码必须是开源代码。所谓开源代码，就是代码都是可见的。

每个人可以编译并执行自己编译的程序，也意味着每个人都可以修改其中的代码并运行，现在机制下，可以做到不管如何修改代码，只要这些修改代码的人没有超过总体的51%，那这种修改是没有意义的，反而浪费自己的算力。

所以，至少参与的人必须是知道代码的。如果一个区块链项目，代码没有开源，那么运行其程序的节点都是不透明的，相当于你把他的代理人装到了自己的节点上，要代表这个所有人执行命令了。相当于系统开发商控制了整个网络。这种区块链怎么可行呢？

从理念角度去看，将区块链项目比作机器的话，本身的工作机制是透明的，是一个可以信任的机器。对此是这样理解的：第一，开源是区块链项目的一个必选项，而不是可选项，无论是公有链还是联盟项目都需要进行开源；第二，开源和交付源代码是两个不同的概念，交付源代码并非是公开、透明，需要大家共同参与的。

例如在以太坊中，曾经因为在其平台上运行的某个平台币存在漏洞，需要进行修改，这种修改是直接体现在代码上的，阅读代码的过程中就发现有多处出现该币的相关代码，就是用于处理一旦碰见这个问题，节点应如何处理，这些处理方法都是开源代码里写的，每个人都可以阅读，如果节点的负责人认可这种解决方案，他就会运行这个程序，相当于支持这种代码的决定，事实上区块链也就是通过这种机制来实现的。

> ↻ [提示] 关于开源的意义的参考详文见附录D。

数字资产篇

43 加密数字货币与区块链有什么关系？

加密数字货币的本质是分布式网络中的一组特殊的加密数据，这组加密数据依靠计算机加密算法来保障其归属权，并以名为"区块链"的分布式公共账本来记录历史交易数据。

以最流行的比特币为例，所有参与者通过SHA-256加密来产生一对公钥与私钥，其中公钥作为钱包地址用于接收比特币，而私钥通常作为支付密码来对交易进行认证。当一笔交易产生时，发送者首先需要用自己的私钥对交易进行数字签名，以实现防抵赖与安全认证，然后将交易信息进行全网广播。全网的其他节点会用发送者的公钥对交易进行认证，当认证无误后，确认信息将发送到全网，该交易将完成认证最终写入区块链。从比特币的例子可以看出，加密数字货币并不像传统货币那样依赖中央结算机构（银行、政府等）来发行并防止多重支付。

在加密数字货币中，所有参与者通过解决一个低概率随机碰撞问题来进行工作量证明，率先完成的节点拥有对新区块（公共账簿）的写入权，并得到比特币奖励，这个过程称为挖矿。

而区块链技术就是脱胎于比特币。区块链（Blockchain）是指通过去中心化和去信任的方式集体维护一个可靠数据库的技术方案。该技术方案主要让参与系统中的任意多个节点，通过一串使用密码学方法相关联产生数据块（Block），每个数据块中包含了一定时间内的系统全部信息交流数据，并且生成数据指纹用于验证其信息的有效性和链接（Chain）下一个数据块。以比特币为例，区块链技术中每个数据块由区块体和区块头构成，区块体包含了过去10分钟内所有的比特币交易信息，区块头存储前一个区块的引用，区块以类似链表的数据结构存储起来，形成从创世区块到当前区块的一条最长的主链，从而记录了所有比特币交易记录。因此，有人也将区块链技术称为一种分布式去中心化的公共总账本。

区块链的特征可以概括为以下几点：

1）去中心化。整个网络中不存在中心化的管理机构，而是一种分布式端到端的网络结构，网络中各节点的权限对等。

2）自治性。采用基于协商一致的规范和协议使所有节点能够在去信任的环境中自由安全地交换数据。

3）安全可信。采用非对称密码学技术对交易数据进行加密，借助PoW机制保证数据理论上难以篡改。

4）公开透明。所有的交易记录在全网公开透明，打破了信息不对称。

所以，以比特币为代表的加密数字货币是区块链技术的应用之一。但是在区块链技术不断发展的过程中，人们逐渐发现区块链技术除加密数字货币之外的商业价值和社会价值。由于它的去中心化和安全透明等特性，区块链技术正在存证、溯源、版权、供应链金融和政务信息共享等业务场景中发挥重要作用。通过区块链技术，可以建立一个可信赖的价值网络。

币市与股市一样吗？

　　币市又称加密数字货币交易市场。币市是伴随人们对于加密数字货币的需求而衍生出来的。从2008年比特币后，诞生了众多基于区块链发行的加密数字货币，如以太坊、莱特币等。因此，有了这些加密资产的发行，法币交换、币币交易的需求也就随之产生。

　　众多提供加密数字货币现货交易、期货交易、资产托管等业务的加密数字货币交易平台如雨后春笋般冒了出来，用户可以通过这些交易平台来买卖比特币等加密数字货币。

　　2017年比特币等加密数字货币价格不断攀升，进一步激活了区块链项目的市场，并诞生了一种新型融资模式——首次代币发行（ICO）。首次代币发行是指区块链项目首次发行代币，募集比特币、以太坊等通用加密数字货币的行为，早期参与者可以从中获得初始产生的加密数字货币作为回报。与法定的融资方式不同，拥有较低的准入门槛、投机风气的盛行和无法有效监管等特点，导致首次代币发行不断积累风险，直至2017年9月4日，央行等七部委发布的《关于防范代币发行融资风险的公告》中将首次代币发行作为一种非法融资活动。此后，这一非法融资现象得到遏制。

　　但是在2019年，虚拟货币炒作有所抬头，部分非法活动有死灰复燃的迹象。加密数字货币在多地纳入了金融监管的重点。以深圳为例，深圳市互联网金融风险专项整治工作领导小组办公室下发通知，通知各区整治办、前海管理局、中国人民银行深圳市中心支行、深圳市公安局经侦局、深圳市通信管理局等单位共同开展虚拟货币交易场所排查整治工作。此次行动将重点排查三种活动：一是在境内提供虚拟货币交易服务或开设虚拟货币交易场所；二是为境外虚拟货币交易场所提供服务通道，包括引流、代理买卖等服务；三是以各种名义发售代币，向投资者筹集资金或比特币、以太币等虚拟货币。

股市称股票市场，包括发行市场和流通市场两个部分。股份公司通过面向社会发行股票，迅速集中大量资金，实现生产的规模经营；而社会上分散的资金盈余者本着"利益共享、风险共担"的原则投资股份公司，谋求财富的增值。

股票一级市场是指股票的初级市场，即发行市场，在这个市场上投资者可以认购公司发行的股票。通过一级市场，发行人筹措到了公司所需资金，而投资人则购买了公司的股票成为公司的股东，实现了储蓄转化为资本的过程。

股票一级市场按发行对象可分为公募发行和私募发行。公募发行又被称为公开发行，是指发行人向不特定的社会公众投资者发售证券的发行。在公募发行方式下，任何合法的投资者都可以认购拟发行的证券。私募发行又被称为不公开发行或私下发行、内部发行，是指以特定投资者为投资对象的发行。私募发行的对象有两类，一类是公司的老股东或发行人的员工，另一类是投资基金、社会保险基金、保险公司、商业银行等金融机构及与发行人有密切往来关系的企业等机构投资者。

股票流通市场包含了股票流通的一切活动。股票流通市场的存在和发展为股票发行者创造了有利的筹资环境，投资者可以根据自己的投资计划和市场变动情况，随时买卖股票。对于投资者来说，通过股票流通市场的活动，可以使长期投资短期化，在股票和现金之间随时转换，增强了股票的流动性和安全性。股票流通市场上的价格是反映经济动向的晴雨表，它能灵敏地反映出资金供求状况、市场供求，以及行业前景和政治形势的变化，是进行预测和分析的重要指标。对于企业来说，股权的转移和股票行市的涨落是其经营状况的指示器，还能为企业及时提供大量信息，有助于它们的经营决策和改善经营管理。

综上所述，币市往往是借鉴了传统股票二级市场的交易逻辑。从形式上来看，币市和股市都会经历一级市场的募资和二级市场的交易，但是它们之间存在诸多不同点，主要体现在以下几方面：

1）发行方式不同。币通过区块链发行，有总量的设置，不可增发，并且伴随着销毁机制，大多数属于通缩型加密数字货币；股是企业通过证券交易所发行的一种证券资产，并不具备货币属性，是一种收益型资产，通过持股数×股价来确定股份的价值。

2）交易方式不同。加密数字货币可以同时上线多家加密数字货币交易所，并可以7×24小时交易，而首次证券发行的公司往往会选择一家证券交易所发行股票，逢节假日会休市。

3）监管不同。币市目前仍处在无监管状态，没有权威、独立的监管机构，发行加密数字货币更大程度上属于个人意愿；而全球股市都会有证券监督委员会这样的官方监管机构，他们往往起到市场监督、防范金融风险的作用。

4）功能不同。币除了用于二级市场交易外，还可以用于日常消费、购买相关业务产品等；股只能用于一级市场或二级市场的转让、交易。

最后，币市由于具有全球跨交易所、无开市和无休市的实时性等特点，目前在各个国家都还没有形成统一的监管和运营规则，其合法性也成了各大国际组织激烈争议和讨论的问题。

45 央行数字货币是怎么回事？老百姓能用吗？如何获取？

在第三届中国金融四十人伊春论坛上，中国人民银行支付结算司副司长穆长春表示，央行数字货币呼之欲出。穆长春讲到，央行数字货币的研究已经进行了五年。在十三届全国人大一次会议记者会上，时任中国人民银行行长的周小川就曾公开表态，央行研发的加密数字货币叫DC/EP（DC，DigitalCurrency，加密数字货币；EP，ElectronicPayment，电子支付）。

总而言之，央行数字货币就是人民币的数字化。它是对人民币M0的替代，M0即流通中的现金。现有的M0（纸钞和硬币）容易匿名伪造，存在用于洗钱、恐怖融资等的风险。央行数字货币的设计保持了现钞的属性和主要特征，也满足了便携和匿名的需求，是替代现钞的较好工具。

"对老百姓而言，基本的支付功能在电子支付和央行数字货币之间的界限相对模糊，但央行未来投放的央行数字货币在一些功能实现上与电子支付有很大的区别。"央行支付结算司副司长穆长春表示，以往电子支付工具的资金转移必须通过传统银行账户才能完成，而央行数字货币可脱离传统银行账户实现价值转移，使交易环节对账户依赖程度大为降低。通俗地讲，央行数字货币既可以像现金一样易于流通，有利于人民币的流通和国际化，也可以实现可控匿名。据了解，现有流通中的现金容易匿名伪造，银行卡和互联网支付等电子支付工具又不能完全满足公众对匿名支付的需求。因此，央行数字货币的设计主要针对流通中现金的替代性，既保持现钞的属性和主要特征，也满足人们对便携性和匿名性的需求。

2020年4月，中国央行2020年度货币金银和安全保卫工作电视电话会议提出"坚定不移推进法定数字货币研发工作"。2020年第一季度国内M0规模约8.3万亿元（增速逐年下降至5%以内），作为M0部分替代，预计央行数字货币投放量将在万亿元规模，受客户习惯和技术条件的限制，取决于现金交易替换规模和电子支付替换规模。

2020年4月15日，央行法定数字货币（DC/EP）钱包已在农业银行内测的消息和相关截图出现在各大媒体上，瞬间引发市场广泛关注。一位农业银行人士对此回应，数字货币在央行的统一安排下有序进行。

2020年4月17日，《北京商报》从央行数字货币研究所获悉，目前数字人民币的研发工作正在稳妥推进，数字人民币体系在坚持双层运营、M0替代、可控匿名的前提下，基本完成顶层设计、标准制定、功能研发、联调测试等工作，并遵循稳步、安全、可控、创新、实用原则，当前阶段先行在深圳、苏州、雄安、成都及未来的冬奥场景进行内部封闭试点测试，以不断优化和完善功能。

央行数字货币研究所还表示，当前网传DC/EP信息为技术研发过程中的测试内容，并不意味着数字人民币正式落地发行。数字人民币目前的封闭测试不会影响上市机构商业运行，也不会对测试环境之外的人民币发行流通体系、金融市场和社会经济带来影响。

据苏州本地相关文件显示，苏州市相城区的部分区属行政单位员工在2020年4月安装了数字钱包，并于5月将其工资中的交通补贴的50%通过央行数字货币（DC/EP）的形式发放。

央行数字货币具有一套"双层运营结构"，即央行先把加密数字货币兑换给银行或其他运营机构，再由这些机构兑换给公众。老百姓可以通过商业银行或其他机构来直接兑换央行数字货币，并且可以在日常消费中直接使用。

央行数字货币的推出，表明了我国推行的加密数字货币必定是央行主导的法定数字货币。首先，非法定加密数字货币会削弱央行的核心地位，非法定加密数字货币多以区块链技术为基础，采用点对点的交易模式，削弱了央行在支付清算体系中的作用。非法定加密数字货币的发行数量不受央行控制和跟踪监测，不利于央行货币政策的有效实施。其次，由于非法定加密数字货币交易的匿名性，导致央行对其交易难以监管，从而欺诈、洗钱等犯罪活动得不到有效控制。最后，非法定加密数字货币价格波动大。非法定加密数字货币不具有内在的价值，其价值是由供求关系决定的，类似于金融资产，价格波动大，不能有效执行价值尺度的职能，不适合作为货币使用。

从加密数字货币对央行支付系统的影响来看：

第一 **加密数字货币可促进央行支付系统的完善和发展。**

数字经济是继农业经济、工业经济之后的更高级经济阶段，当前数字经济高速发展，加密数字货币必将得到广泛应用。央行支付系统作为支付清算体系的核心，在数字经济时代要想继续保持核心地位，必须要支持加密数字货币交易；加密数字货币能提高央行支付系统的支付效率。这对当前的央行支付系统提出了新要求和发展方向，央行支付系统必须经过适当的改进以实现对加密数字货币的支持。

第二 **加密数字货币能提高央行支付系统的支付效率。**

我国当前的支付清算体系的支付结算过程可分为清算和结算

两个过程，清算过程分为信息流和资金流两个层面，并且信息流和资金流是不同步的，资金流明显滞后，影响支付系统的效率。加密数字货币可以实现点对点的交易，交易信息的发送和资金的最终交换没有分离，实时结算，不再有清算、对账的过程，可以极大地提高支付效率。尤其是在跨境支付方面，通过加密数字货币点对点的交易，消除了现在的层层代理开户的复杂清算流程，可减少在途资金的风险。在加密数字货币交易过程中，央行相关节点可以不参与具体的交易过程，只作为监管节点，对交易的情况进行监管。

第三 对加密数字货币的支持能提高央行支付系统的稳定性和安全性。

我国现有的支付清算系统是中心化的系统，国家金融清算总中心（NPC）、城市处理中心（CCPC）分别是全国性的和区域性的中心节点，具有明显的中心属性。而加密数字货币可以以区块链技术为基础，运行在一个去中心化的支付系统上。各商业银行作为区块链中的节点，无须通过央行即可实现银行间的点对点交易，央行相关节点只作为监管节点对交易情况进行监测。与现有支付系统相比，加密数字货币的系统流通消除了单点故障，容易抵御网络攻击和运营失误，提高了央行支付系统的稳定性。区块链技术融入智能合约技术以后，可以按照预设程序，自动化处理复杂的各类资金交易，将整个清算程序变得更为标准化、自动化，并且区块本身以时间线形推进的特点可以帮助监管组织有效鉴别并发现违规操作，同时智能合约可以将合规检查变得自动化，进而从清算之初就将违规的可能性降至最低，有效提高央行支付系统的安全性。

🔁 [提示] 关于各国央行数字货币的进展，以及我国央行数字货币的发展细节请参考《【独家专题】主权加密力量：中国央行数字货币求索之路》。

46 国内目前有哪些活跃的加密数字货币交易所？运营主体都是谁？

目前我国政府对加密数字货币交易所是持否定态度的，尚未有明确监管政策出台。所以，大多数交易所名义注册在海外，但是实际运营主体和实际平台用户都在国内，但也有部分交易所注册地选择在国内。由于政策不明朗，运营主体多为私人企业或个人，也有部分区块链媒体尝试开设交易所。不过媒体开设交易所可能面临更大风险，容易引发从操纵信息到操纵市场的风险。

同时，2019年12月10日，央视再次报道区块链乱象，警惕以区块链为名的诈骗。根据媒体公开报道，自2019年以来，全国已累计关闭6家新发现的境内虚拟货币交易平台，分7批通过技术处理203家境外虚拟货币交易所，通过两家大型非银行支付机构关闭虚拟货币账户近万个；微信平台上，已关闭涉及宣传营销小程序与公众号300个。

我国国内活跃交易所汇总见表3-1。

表3-1　我国国内活跃交易所汇总

交易所名称	创办人/机构	注册国家或地区	平台币	其他关联业务
币安（Binance）	赵长鹏	马耳他	BNB	教育、项目孵化、区块链资产发行平台、区块链研究院及区块链公益慈善
火币（Huobi）	李林	塞舌尔	HT	钱包、矿池、教育、项目孵化、社交、资本

交易所名称	创办人/机构	注册国家或地区	平台币	其他关联业务
OKEX	Jay Hao	马耳他	OKB	—
库币（KuCoin）	迈克尔·甘（Michael Gan）	塞舌尔	KCS	—
抹茶（MXC）	MX	新加坡	MX	MXC Labs、PoS矿池、OTC、合约交易服务
龙网（DragonEx）	张帆	新加坡	DT	游戏、抵押借贷
币蛋（CoinEgg）	Dr.Peter	英国	ET	—
Lbank	何伟	英国	—	C2C交易服务
ZB网	李大伟	瑞士	—	电子钱包、投资基金、研究机构和媒体在内的业务网络
ZBG	—	中国香港	—	区块链项目上市、加密资产投资
BoKi	李显冬（Winter）	新加坡	—	—
gate.io	韩林	开曼群岛	—	—
Bibox	于洋	爱沙尼亚	—	人工智能、期货
ZG.com	赵昌宇/比特币中国	新加坡	—	产业区块链孵化基地
币赢国际站（Coinw）	李谷	中国香港	—	—
可可金融	王峰/火星财经	中国	—	交易所、钱包、资讯媒体、教育、项目孵化、基金
BitZ	奥马尔·陈（Omar Chen）	中国香港	Bitz	数字货币交易所
BKEX	纪京言	英属维尔京群岛	—	数字钱包、提供投资项目交易
Tokencan（T网）	Tokencan团队	中国香港	—	—
币团网（Bituan.cc）	美国硅谷团队	塞舌尔	BT	—
LOEX（雷盾交易所）	—	塞舌尔	—	公链、钱包、量化渠道、区块链学院、矿场、加密社交、区块链孵化基金、公益基金
DigiFinex	石乐琦（Kiana Shek）	塞舌尔	DFT	教育
BG交易所	—	中国香港	BG	线下商家、资讯媒体、矿机矿场
ZT	M.j.Lin	开曼群岛	ZT	交易所联盟（云交易所）、新闻资讯
ZZEX	Wayne	新加坡	ZZEX Coin（ZZEX）	—

续表

交易所名称	创办人/机构	注册国家或地区	平台币	其他关联业务
BTB.io	Sam Wang	开曼群岛	BTB	区块链生态投资基金
FUBT	任长远	中国香港	FUCoin（FUC）	项目投融资、模式设计优化、新币发行上线、社群建设维护、综合运营推广等
ZG.TOP	钱超	蒙古国	ZGT	区块链资讯服务、区块链应用募资平台
WBTC	于海	加拿大	WT	游戏、预测合约、C2C场外交易
BitMart	夏尔特	开曼群岛	BMX	区块链项目孵化、区块链优质项目加速
A网（AEX）	37度	英国	GAT	区块链资讯社区、金融服务（定期活期理财、抵押借币、算力理财、Staking、糖果池）
HCoin	David.L	塞舌尔	HCOIN	大数据分析、数字资产专业管理
东方交易所（DFEX）	—	新加坡	DF	C2C交易服务、钱包、糖果游戏
币万（BIONE）	—	新加坡	BIC	—
BigONE	老猫/李笑来	美国	ONE	区块链数字资产托管、法币交易、数字资产天使平台、PoS矿池
XT网	ZB集团	塞舌尔	XT	电子钱包、投资基金
Q网	李双	开曼群岛	QBTC TOKEN（QT）	理财、现货交易、场外交易

注：以上数据来自链得得——得得智库及公开资料。

47 未来加密数字货币会替代现在的实体货币吗？

据介绍，央行数字货币是对人民币M0的替代，M0即流通中的日常消费用的货币。现有的M0（纸钞和硬币）容易匿名伪造，存在用于洗钱、恐怖融资等风险。央行数字货币的设计保持了现钞的属性和主要特征，也满足了便携和匿名的需求，是替代现钞的较好工具。

从货币演进来看，由于人类生产力和经济水平的不断提高，货币形态先是由最原始的一般等价物到一般等价物的代币然后再到信用货币，最终演变为当今的加密数字货币。一般等价物的代币形态即代用货币，它是足值货币的代表物。

另外，代用货币作为足值货币的价值符号，其本身的内在价值虽然低，但它可以与足值货币等价交换，如我国古代的飞钱、银票。该阶段的货币特征具有一定的信用货币特征，是足值货币与信用货币的中间形态。一方面它建立在信用货币的基础之上，另一方面它又不完全代表足值货币，开始出现了信用的属性。

信用货币作为一种信用工具或债券债务凭证，其票面价值与内在价值完全脱钩。例如纸币和硬币，它们并不具备商品属性，背后代表着约束性信任，往往以国家背书的形式存在，从而使其成为法偿货币。

加密数字货币形式使货币的本质演进成信用债权记账符号且完全没有实体货币媒介与之对应，人们对加密数字货币的信用基础是对支撑起加密数字货币运行的全新的加密算法和算法的约束机制的认可。

随着电子商务的迅速发展，我国约有7.3亿网民，第三方支付包括支付宝支付、微信支付与网银体系位于世界前列，同时我国的移动终端设备普及率高。这些为我国发展加密数字货币提供了优良的条件，促使我国在加密数字货币这一领域能够领先其他国家一步。当今世界其他各大经济体都异常关注加密数字货币的动向，所以我国作为第二大经济体理应主动出击，以更加积极的态度去研究加密数字货币，在货币新一轮的改革浪潮中不再错失发展机遇。

48. 加密数字货币会对现有的金融体系产生哪些影响？

加密数字货币最大的特点就是"由不受约束的匿名主体发行"。

这也就决定了加密数字货币本身无法律责任主体，交易行为较易卷入非法活动，其去中心化的管理机构导致反洗钱监管受阻。从加密数字货币的整个交易过程中看，涉及的客户账户、支付机构、交易平台繁多，较易规避正规金融监管。

从目前来看，以比特币为代表的加密数字货币强调自己的"货币"属性，意在打造一种超主权货币。但是货币最基础且最根本的功能是"价值尺度"，最基本的要求是"币值稳定"，显然，比特币并不符合这一要求。

区块链技术的应用催生了完全依靠算法而运行的"无组织形态的组织力量"——以比特币、以太币等加密代币为代表的自治去中心化组织。以TheDAO为例，它是一个运行在以太坊区块链上的去中心化投资基金，TheDAO项目的投资决策均由参与者投票决定，决策后所有项目均采用智能合约自动执行，项目产生的本金和收益通过智能合约回到TheDAO，这是一种完全不同于传统概念的金融组织形态。

2019年11月23日下午，2019网易未来大会上，中国银行前副行长王永利指出：比特币等网络虚拟货币只能是网络的社区币或商圈币，只能在设定的范围里使用，不能流出商圈自由流通，必须接受严格监管，否则会影响法定货币管理。

从金融风险的定义来看，金融风险指的是与金融有关的风险，如金融市场风险、金融产品风险、金融机构风险等。一家金融机构发生的风险所带来的后果，往往超过对其自身的影响。金融机构在具体的金融交易活动中出现的风险，有可能对该金融机构的生存构成威胁；具体的一家金融机构因经营不善而出现危机，有可能对整个金融体系的稳健运行构成威胁；一旦发生系统风险，金融体系运转失灵，必然会导致全社会经济秩序混乱，甚至引发严重的政治危机。

　　加密数字货币的机构不受信任、产品风险程度高，隐含着巨大的市场风险。整体来看，加密数字货币存在：①信用风险，代币发行者可以是任何组织或个人，这些不信任的主体可能通过虚假宣传、做庄、价格操纵、内幕交易等不法行为来吸引投资者；②市场与操作风险，加密数字货币价格波动较大，此外由于一些加密数字货币交易所的安全性存在较大问题，因此有存在受到黑客攻击导致交易系统瘫痪、客户资金被盗等风险；③法律与监管合规风险，比特币等加密数字货币存在法律盲区，社会中常有利用加密数字货币的匿名性特点进行贩毒、洗钱等非法交易。

　　所以，加密数字货币也必然给现行金融体系监管带来新的挑战。

49 普通老百姓买加密数字货币，未来需要实名认证吗？

　　2017年9月4日，央行等七部委发布的《关于防范代币发行融资风险的公告》中指出首次代币发行和加密数字货币交易平台是非法的。自公告发布之日起，各类代币发行融资活动应当立即停止。已完成代币发行融资的组织和个人应当做出清退等安排，合理保护投资者权益，妥善处置风险。

　　这一公告，直接清退了所有在国内注册运营的加密数字货币交易平台，并禁止这类平台面向中国市场提供加密数字货币的交易服务。

　　此后，支付宝和微信支付也多次声明，禁止将支付宝/微信支付用于虚拟货币交易，若发现交易涉及比特币或其他虚拟货币交易，支付宝/微信会立即停止相关服务。其中，对于商户涉及虚拟货币交易的，会坚决予以清退；对个人账户涉嫌虚拟货币交易的，根据情节轻重采取限制账户收款功能，甚至永久限制收款等处理措施。

但是从另一个角度来讲，比特币等加密数字货币具备匿名性、全球性等特征，所以从技术上禁止交易并不容易，目前在美国、新加坡、日本等国，已有合法交易的法规和交易信道。但是需要提醒大家的是，比特币是风险非常大的投资方式，建议对其不了解的普通老百姓不要跟风炒作。

普通老百姓可以建立一个比特币钱包，形成一个独一无二的区块链钱包地址（形式是一串数字），自己收到的比特币会存放在该钱包中，目前大多数加密数字货币钱包尚不需要进行实名认证。

 普通人能参与挖矿吗？怎么挖？

"挖矿"其实是一种计算程序，挖矿的程序本质上是一种记账的过程。拿比特币来讲，总发行量2100万个，每4年进行一次减半，在生产过程中，每10分钟会打包形成一个区块，哪个矿工抢到这个区块的打包权，也就是抢到了这笔账的记账权，会由此获得打包区块的奖励，一个个区块连接起来，就形成了区块链。

挖矿主要是通过计算机运行一种记账程序来进行的。普通计算机都可以运行该程序，不过随着挖矿人数的增加，挖矿难度也在增加，这也就要求更高性能的显卡来支持运算。所以，专业的ASIC矿机成为市场需求，挖矿也从个人参与逐渐演变为一种专业的行为，矿场也随之诞生。

从目前来看，普通人可通过投资矿机，并由矿场托管的形式来参与挖矿；也可以通过购买云算力的形式间接进行挖矿。

在这个过程中，需要明确几个概念：比特币区块、工作量证明、矿工和矿池。

（1）比特币区块

区块是一种被包含在公开账簿（区块链）里的聚合了交易信息的容器数据结构。它由一个包含元数据的区块头和紧跟其后的构成区块主体的一长串交易组成。区块头包含六个字段（80字节）：版本字段，4字节，用于跟踪软件／协议的更新；父区块哈希值字段，32字节，表示引用的区块链中父区块的哈希值；默克尔根字段，32字节，表示该区块中交易的默克尔根的哈希值；时间戳字段，表示该区块产生的近似时间（精确到秒的Unix时间戳）；难度目标字段，4字节，表示该区块工作量证明算法的难度目标；Nonce字段，4字节，表示用于工作量证明算法的计数器。其中，后面三个字段用于挖矿过程。区块是由矿工挖矿产生的，比特币网络会调整难度值来保证平均每10分钟产生一个区块，调整周期为2016个区块。

（2）工作量证明

比特币作为一种去中心化的加密数字货币，是由比特币网络中的所有节点来统一进行维护的，这就需要一种共识机制来决定谁具有记账权。比特币系统采用工作量证明来解决这一问题，也叫作挖矿。所有比特币节点基于各自的计算机算力相互竞争来解决一个求解困难但验证容易的SHA-256问题，最快解决该难题的节点获得区块记账权，即创建了一个区块，而其他节点验证新区块的合法性并更新本地区块链。

（3）矿工和矿池

矿工独立利用计算机或矿机进行挖矿，找到有效区块后所有收益归矿工自己所有。随着矿工数量的增加和专业挖矿设备的出现，比特币全网的运算水准呈指数级别不断上涨，单个矿工或少量的算力短时间内无法在比特币网络上挖到区块获得收益，多个矿工将自己算力联合运作挖矿，并按照参与矿工的贡献分配奖励，使用这种方法建立的网站便被称作矿池。

所有的币种都需要靠挖矿产生吗？

　　挖矿就是记账的过程，矿工是记账员，区块链就是账本。因此，区块链系统就是一个记账或挖矿的系统。但是，挖矿的过程也是基于不同的共识机制决定的。

　　区块链是比特币的底层技术，类似一个数据库账本，由分布在不同区域的节点共同参与决策并记载所有的交易记录，而决策规则的核心就是共识机制。共识机制是决定按照哪一个参与节点记账，以及确保交易完成的技术手段和机制。共识机制需要平衡效率与安全的关系，即安全措施越复杂则处理速度就越慢，若要提高处理速度，必然要简化安全措施的复杂程度。

 加密数字货币的价值本质是什么？

　　加密数字货币的价值本质是一种去中心化的数字资产。它通过运行一种程序来自动实现资产的发行，不受任何组织和机构的干预。货币的价值建立在人们信任的基础上，但同时又受到供需关系的影响。但是，交易基于人们对现实的需求和对未来价值的判断。同样拿比特币来讲，比特币初期想作为一种可用于支付的货币，但是其价格的巨大波动性决定了其无法用于交易。此后，比特币更被看作一种储值资产，从形势来看，每半年减产一次，并且持有比特币的用户在不断增加，似乎大多数人都看好比特币未来的增值空间。但是从供需结构来看，如果人们看好比特币，就不会选择卖出比特币，如果市场没有卖方，比特币就没有市场，自然也就没有价值。这似乎是一个难以解释的矛盾点。

以比特币为代表的加密数字货币运行在以加密技术为基础的区块链系统之内，是区块链这一共享账本的记账单位，即代币。代币通过算法产生，能够与美元等法定货币兑换并可以用于转账支付。

代币仅仅是区块链记账系统中的一串数码，其本身没有任何内在价值，只有赋予其一定价值，才能与现实世界中的价值体系相联系，成为所谓的加密数字资产。根据代币的赋值方式不同，代币可以划分为两类，一类是区块链原生代币（Native Token）或称内置代币（Builtin Token），另一类是在区块链上发行并用以代表某种外部资产的资产支持代币（Asset-backed Token）。原生代币是指附着于区块链系统并在该系统内产生和使用的记账单位。例如，比特币是比特币区块链系统的记账单位。在比特币区块链系统中，矿工（记账节点）是维护该系统正常运行的关键角色。比特币通过这些矿工的努力而生产出来，用以激励和维护比特币区块链系统的正常运行。再如，瑞波币（XRP）是瑞波（Ripple）网络系统使用的记账单位，以太币（ETH）是以太坊系统（Ethereum）中的记账单位。在这些系统中，代币起着避免垃圾交易、激励系统正常运行等作用，如以太坊中运行应用系统需要消耗一定的以太币，瑞波网络系统中汇款也需要消耗一定的瑞波币。原生代币的基本价值来源于人们对代币及其区块链系统创新与未来可应用性的信心。创新性与可应用性越高，人们越愿意通过挖矿、用法定货币购买等方式持有，其市价也就越高。但随着越来越多的人将代币当作投资品，其市价则受到代币发行数量及供求关系的影响。

资产支持代币是指发行者在区块链系统中发行用以代表一定数量外部资产或权益（如钻石、纸黄金、债券、股票）的借据（IOU）。代币可以在区块链系统中进行转移和交易，持有者最终可用代币向发行者兑换其所代表的外部资产或权益。将外部资产或权益转化为代币，是一个将资产进行数字化的过程，这时的代币也称为区块链资产。资产支持代币的基本价值来源于其所代表真实资产的价值。

加密数字货币在某些人看来是没有什么内在价值的纯粹数字创造物，却得到很多人的信任和接受，并具备了一定的市场价值。加密数字货币因为含有"货币"字样，又可用于全球转账支付（如把人民币兑换成比特币，通过比特币网络转账到美国后再将比特币兑换为美元），因而被一些人看成是一种新的货币或未来货币。但加密数字货币不是真正意义上的货币，在政府眼中，基本上被看成是一种商品（如我国将比特币定性为特定的虚拟商品，美国将其定义为大宗商品）或支付工具（如日本、德国）。

在大多数投资者眼中，加密数字货币就是一种投资品——加密数字资产。在投资者队伍中，早期大都是技术爱好者或极客，如今不仅风险投资、对冲基金，连高盛等传统投行也开始涉足这一领域并代理客户开展加密数字货币衍生品交易。

人们投资加密数字货币主要有两方面的原因：一是纯粹的投机，持有并等待价格上涨或在价格波动中获利。从历史走势看，加密数字货币总体上趋于价格快速上涨趋势，但也具有暴涨暴跌的特点，并且没有涨停和跌停限制，涨跌10%司空见惯，而腰斩也时有发生。二是作为一种风险对冲工具。据研究，每当出现重大地缘政治事件，如英国脱欧、特朗普胜选等世界不确定因素或监管政策、技术发生变化时，往往会引起加密数字货币价格的大幅波动。

53 个人想发一个自己的币要怎么操作？

2017年9月4日开始，我国境内清退一切有关首次代币发行的项目，所有加密数字货币交易所也已全部暂停交易，并多次重申"炒币"存在的巨大风险性，目前属于我国法律严厉禁止的行为。

54 挖矿时应该注意什么？

　　挖矿是将一段时间内比特币系统中发生的交易进行确认，并记录在区块链上形成新区块的过程。挖矿的人叫作矿工。简单来说，挖矿就是记账的过程，矿工是记账员，区块链就是账本。怎样激励矿工挖矿呢？比特币系统的记账权利是去中心化的，即每个矿工都有记账的权利。成功抢到记账权的矿工，会获得系统新生的比特币奖励。因此，挖矿就是生产比特币的过程。

　　比特币的数量是恒定的，随着比特币不断地被挖出，数量也在不断地减少，但是矿工却在不断地增加，所以矿工之间形成算力竞争。越高的算力就会带来越大的收益。但随着算力的增加，功耗也会随之增加，矿机硬件的售价也会越高。而功耗高，也就代表着电费的支出变成巨大成本。

　　所以，挖矿有两个成本要素需要考虑，即挖矿设备和消耗电力。

　　常见的挖矿设备分为以下三类：

　　1）显卡矿机，即多显卡计算机，与普通计算机基本一致，唯一的区别是矿机上可能有多张显卡。显卡矿机因显卡独有的开放计算平台，可以快速适配不同的币种。显卡矿机一般都能支持多种数字资产挖矿。一般显卡矿机的体积比较大，不太适合常规矿场设计的机位。自己组装的矿机，噪声比较低，挖矿不用担心吵到人。显卡矿机因各组件均为常规的计算机组件，包括主板、中央处理器、显卡（挖矿一般用的都是中高端显卡），都可以进行二次销售，即便不卖给矿工，电玩爱好者、网吧、渲染中心或AI公司也可收购，保值性相对高一些。

2）专业矿机主要是指ASIC矿机，是矿机厂商，根据比特币、莱特币等数字资产的特点，定制开发的专门用于该币种挖矿的设备。专业矿机是矿机厂商根据特定币种的特定算法，定制开发研制的一种矿机。大部分专业矿机只支持单一算法，可以挖使用该算法的相关币种，但可挖币种比较有限。同时，因其高度专业化，单台专业矿机的算力可能达到CPU矿机或显卡矿机的数百倍，甚至数万倍。

专业矿机一般体积较小。相比显卡矿机，专业矿机更耐操作，更易运输和转移，能适应较为苛刻的运行环境。匹配使用矿机厂商提供的管理软件，易于规模化运营。目前，大部分矿场都是依据专业矿机的特点设计建设的。

专业矿机噪声较大，单台矿机的噪声可达80分贝左右，相当吵闹，因此专业矿机不适宜在居住区布设。不过，随着液冷技术的普及，以后会有低噪声的专业矿机出现。

另外，由于专业矿机的算法固定，可挖币种有限，当芯片技术提升，更高性能的专业矿机出现，或者原挖矿币种变更挖矿算法时，都可能导致原有的专业矿机产出收益低于耗电成本。这种情况下，原有的专业矿机就彻底变成废铁了，没有市场。

除了显卡矿机和专业矿机这两类较为常见的挖矿设备之外，矿工还可以使用一些其他挖矿设备或途径获取挖矿算力并进行挖矿。

3）FPGA矿机是一类较为小众的矿机，性能介于显卡矿机和ASIC矿机之间，支持多种算法。云算力是一种算力产品，矿工可以直接在云算力平台上购买算力，接入矿池进行挖矿。

此外，说到消耗电力，就不得不提为什么比特币矿场会分布在水电资源丰富的地方，因为那里的水电力便宜。所以，矿场主为了控制成本，也就出现了性能更好、更省电的矿机，以及寻求更便宜的电力。

根据剑桥大学的一份数据显示，比特币全年的耗电量约等于或略超过瑞士全国的用电量。该工具估计，比特币目前使用了大约7千兆瓦的电，占到了全世界电力供应的0.21%。它需要7个邓杰内斯（Dungeness）核电站同时发电。

55 挖矿产生的币都有交易价值吗？

关于价值，这是一个哲学问题。

拿比特币来说，比特币是一种全球通用的加密电子货币，并且完全交由用户们自治的交易工具。比特币的概念最初由中本聪在2008年提出。比特币基于特定算法和大量的运算产生，而并不是由法定货币机构发行的。

所有现有的流通货币都需要该国央行赋予其价值，当国家出现金融危机、战争等其他危机时，都会影响到该国货币的价值。而当国家政权被颠覆时，该国货币就失去了价值。但比特币并不受此影响，只要人们不离开互联网，那么比特币就不会失去价值。比特币的价值还体现于存量。所有现有的流通货币，赋予其价值的央行都拥有无限发币权，也就是说，现有的流通货币的总量是可增加的，而比特币的总量是不变的。比特币因此避免了通货膨胀的影响。

56 什么样的加密钱包最安全？什么样的加密钱包最方便？

根据私钥的存储方式来分类，加密钱包分为热钱包与冷钱包。热钱包就是将私钥存放在了网络可以访问的位置，如手机App钱包、在线钱包，人们可以随时进行交易使用。而冷钱包就是将私钥存放到了网络无法访问、别人也很难破解的位置，如硬件钱包，只要它不联网别人就无法知道你的私钥。当然还有人会把私钥记到自己觉得最安全且不会联网的地方，虽然比较安全，但创建的步骤比较麻烦，而且交易起来很不方便。当然，如果你足够聪明，你可以全部记在自己的脑子里。

根据区块链数据维护方式来分类，加密钱包可以分为全节点钱包、轻钱包与中心化钱包。

全节点钱包顾名思义就是其包含了所有区块的数据，这也意味着这种钱包会占很大的内存，这种钱包一般都是区块链官方钱包，能存储的币种较单一，每次使用都需要同步所有数据，但可以完成完全的去中心化，而且有更好的隐私性和更快的信息验证交易速度。最传统的Bitcoin Core核心钱包就是这种类型。

轻钱包也就是在全节点钱包的基础上，将其轻量化后的存在。它的诞生参考了中本聪提出的轻节点（SPV）机制，依赖比特币网络上其他全节点，使用时仅同步与自己相关的数据，基本可以实现去中心化。轻钱包可以在计算机、手机、网页各种地方运行，对新手来说是比较容易上手的钱包。

前面那两种钱包各有各的好处，但无法让人忽视的是，它们都有一个致命的缺点，那就是：一旦忘了私钥，你就无法找回钱包里的币了。而为了避免这种事情的发生，你可以使用中心化钱包，也就是在交易所的钱包。你在交易平台注册账号，交易时所有的数据就会从平台的中心化服务器中获得，交易效率很高，可以实时到账，而且私钥忘记了还可以找回。但平台也有一个致命的缺点，那就是一旦平台出事，你的币也就悬了。毕竟，之前平台卷币跑路及平台被黑客入侵的事情层出不穷，而且中心化的平台是不是就完全违背了区块链本身存在的"去中心化"理念呢？这样的交易是不是与区块链的意义背道而驰了呢？

也因此，通过平台交易的钱包也被称作"Off-Chain"交易的链下钱包，本人并没有私钥。私钥在交易所，由交易所托管。所以，交易所的钱包也是中心化的钱包。

与此相对的就是"On-Chain"交易的链上钱包，如果你在链上给一个钱包地址发送加密数字货币，这笔On-Chain交易会在全网广播、被确认、被打包进区块。On-Chain钱包需要自己保管私钥，也就是之前提到的全节点钱包、热钱包通通包括在内。

57 如何存储和交易比特币？

如果把比特币当作一个产业链，那么，上游进行挖矿生产比特币，中游进行存储、交易，至于下游就是落地应用。

如果不走技术流，想要获得比特币，最简单的方法就是购买，当然在一些网站上也可以通过做任务获得，这种方法在此就不细说了。既然是通过金钱交易，就会出现交易平台，日本最早的知名交易平台叫作Mt.Gox，不过在2014年遭遇黑客攻击，被盗75万个比特币后就关闭了，是比特币市场一次巨大的震荡，也是人们常说的"门头沟"事件。

其实，加密数字货币交易所并不是真正意义上的交易所，有一篇文章对它的描述比较准确：名为交易所，干的却是券商的活，甚至可以说这个市场有点像"外汇"市场。为什么这么说呢？因为在交易所里你并不是真的持有币，只是拥有一个记录（或一串代码）而已，现在大多数的交易所也主要进行币币交换，币币交易也被称为场内交易。例如，你想买3个比特币，报了个价，在交易平台挂单，很快就会有人跟你成交，因为是交易所撮合，所以并不会显示交易双方的信息。但有一点需要注意，场内交易基本是不支持法定货币交换的，你只能进行加密数字货币之间的交易，想要兑换法定货币就需要进行场外交易。

　　场外交易市场又统称为OTC市场，是指交易双方直接成为买卖对手进行交易的市场。它也是交易的第一步，因为交易所通常不支持法定货币交易，所以想要进入交易所，需要先去场外交易市场将法定货币换成加密数字货币，再用加密数字货币去交易所进行交易。同理，将加密数字货币换成法定货币也是在场外交易市场进行的。

58 区块链上的交易需要手续费吗？手续费是如何定的？多少由谁决定？

　　区块链上的交易需要手续费。因为从原理上来看，交易的过程也就是矿工打包的过程，只有用户支付手续费，矿工才会选择将这笔交易打包并进行全网公布。手续费的多少主要取决于目前全网算力难度的大小。当全网算力竞争达到一个峰值时，用户往往需要更多的手续费来吸引矿工对这笔交易进行优先打包，打包速度越快，交易速度也就越快。反之，当全网算力竞争没那么大时，用户即使支付较少的手续费，也能够快速吸引矿工打包交易。

　　具体来说，比特币转账以一串数据的形式出现，每笔比特币转账都会收取付款人一定的手续费。手续费取决于转账输入中再分配的"未花费的交易输出"（UTXO）的总数，而不是基于它们的总值。每笔比特币交易都包含了若干笔交易输入和交易输出，而这些交易所产生的输出就是未花费的交易输出。实际上，每笔未花费交易输出的组成方式都取决于交易输入，当你需要向其他地址转1个比特币的时候，它可能是由你交易输入中的5个0.2比特币组成，也可能是

10个0.1比特币组成。

比特币转账手续费是交易者付给矿工的一笔费用，用于激励矿工竞争记账，为比特币提供足够的算力从而确保比特币网络的安全，有的地方也叫作矿工费。用户在比特币网络发起一笔转账时，一般需要支付给记账矿工一定的转账手续费。转账手续费一般为0.0001～0.0015个比特币，由于区块能容纳交易记录的容量有限，矿工会优先打包手续费高的交易，所以多付手续费可以更快被记账。比特币交易手续费的存在能提高转账门槛，有效防止区块链中充斥垃圾信息，并且能保证在比特币被挖完之后矿工仍有动力维护比特币网络。

比特币系统有一系列的网络规则，其中包含手续费规则，当你使用Bitcoin客户端（钱包，Bitcoin-Qt）发送比特币的时候，整个过程大致分为以下步骤：

客户端负责收集你的钱包（Bitcoin-Qt）里的比特币余额为支付做准备。在一次交易中你得到的比特币称为"输入（Inputs）"，支出的比特币称为"输出（Outputs）"，在你的钱包里存在多个输入和输出。

如果你的输出（Outputs）小于0.01个比特币的话，你必须要支付0.0001个比特币的手续费，即使是你转给自己。钱包在准备你的支付金额的时候有一个既定的规则，就是在众多输入（Inputs）中筹备支付金额的时候尽量避免产生小于0.01个比特币的金额变动；如果你输出的比特币刚开采出来不久，那么你也必须要支付手续费，如果你需要大量的小额输入，又想免费转出，这时候你可以加一个数额、币龄大的比特币金额，就会将平均优先级提高，从而可以免费转出比特币。

在比特币转账的最后，客户端会检测本次转账的大小（以字节为单位），大小一般取决于输入和输出的数额大小，计算公式为：148×输入数额 + 34×输出数额 + 10，如果该次转账的大小超过10000字节但优先级符合免费的标准，那么仍然可以享受免费转账，否则也需要支付手续费，每1000字节的费用默认是0.0001个比特币，但这条规则适用时将会取代输出小于0.01个比特币而需要支付的手续费。

 ## 如何才算成功的比特币交易？

传统银行账户间的交易是由银行负责确认的，几秒钟内就可以完成。但对比特币而言，任何交易都需要得到全网的确认，而且必须最终进入主区块链才能生效。在挖矿过程中，每个节点在收到其他节点发过来的交易后都要进行验证，验证失败的交易被直接丢弃，而有效交易则会进入区块。由于全网在挖矿过程中可能在同一时间段生成很多有效区块，并且由于网络时延的存在，不同地理位置的节点产生的有效区块可能包含不同的交易集合。因此，最终哪个区块能够成为当前时间段的正式区块而进入主区块链，就成为一个问题。

如果一个节点收到了周边节点发来的两个不同的有效区块，它会将这两个有效区块都挂在主区块链的最后，形成一个Y形分叉。后续收到的区块都会基于这两个区块产生，这使得分叉会继续向后延伸。最终，哪个分叉的长度最先达到要求，就会正式变成主区块链的一部分，而另一条分叉则会被抛弃。由此可见，一个交易从发生到最终确认，需要等待一段时间。通常来讲，在包含这个交易的区块出现之后，还需要等待5~6个后续区块生成后，才能确认当前区块是否已经正式进入主区块链。由于每个区块的生成时间大约为10分钟，这意味着一个交易在发生之后，需要等待较长时间才能够得到确认。

60 **Facebook推出的Libra是哪一种加密数字货币？与区块链有关系吗？**

　　Libra是一种由Facebook提出和发起的加密数字货币，计划于2020年发行，但由于还有许多争议，所以目前这个计划暂时还未实施。Libra是一种稳定币，稳定币是一种加密数字货币行业里的分类，是加密数字货币的一种形式，目前全球最大的稳定币是与美元挂钩的泰达币（USDT）。

　　根据白皮书显示，Libra运行于Libra Blockchain之上，是一个目标成为全球金融的基础架构，可以扩展到数十亿账户使用，支持高交易吞吐量的稳定币。也就是说，这个区块链的容量足以支撑全球数十亿人的交易量。

> ↩ ［提示］关于全球稳定币研究报告的参考详文见附录E。

 61 **首次代币发行、证券化代币发行、首次交易发行是什么？**

　　首次代币发行（Initial Coin Offering，简称ICO）是指区块链项目首次向公众发行代币，募集比特币、以太坊等主流加密数字货币以获得项目运作经费的行为。

　　证券化代币发行（Security Token Offering，简称STO）是指受到证券法的监管，以公司股权、债权、黄金、房地产投资信托、区块链系统的分红权等作为对应的通证的公开发行行为。

首次交易发行（Initial Exchange Offerings，简称IEO）是指以交易所为核心发行代币，代币跳过首次代币发行这步，直接上线交易所的行为。

> **[提示]** 有关首次代币发行和首次交易发行的参考详文见附录F。

 暗网、加密数字货币和区块链是什么关系？

暗网是存在于黑暗网络、覆盖网络上的互联网内容，只能用特殊软件、特殊授权或对计算机做特殊设置才能访问。因为在暗网上进行交易经常使用可以匿名的加密数字货币，因此两者常常被相提并论。暗网与区块链技术没有直接的关系。

 公有链、私有链、联盟链怎么区分？

公有链（也称公链）是指全世界任何人都可以读取、发送交易却能获得有效确认的共识区块链。也就是说，公有链上的行为是公开透明的，不受任何人控制，也不受任何人所有，是"完全去中心化"的区块链。

私有链（也称私链）对单独的个人或实体开放，仅在私有组织，如公司内部使用，私有链上的读写权限、参与记账的权限都由私有组织来制定。

联盟链是指有若干个机构共同参与管理的区块链，每个机构都运行着一个或多个节点，其中的数据只允许系统内不同的机构进行读写和发送交易，并且共同来记录交易数据。所以，联盟链上的读写权限和记账规则都按联盟规则来"私人定制"。

> ☌ [提示] 有关联盟链落地的内容，请参考《【大文观链】苏宁：如何在联盟链中实现去中心化》。

应用落地篇

64 区块链应用的发展历程是怎样的?

作为当下最热门的前沿技术之一，区块链应用经历了从无到有，再到大规模应用三个主要阶段。著名的区块链科学研究所创始人梅兰妮·斯万（Melanie Swan）曾出版过一本名为《区块链：新经济蓝图及导读》的书籍，其中提到，根据区块链的应用发展状况，大致可以将其分为三个阶段：区块链1.0、区块链2.0和区块链3.0。

梅兰妮解释道：区块链1.0是货币，这方面的应用和现金有关，诸如货币转移、汇兑和支付系统。区块链2.0是合约，区块链技术在经济、市场、金融全方面的应用。其可延伸内涵比简单的现金转移要广得多，诸如股票、债券、期货、贷款、按揭、产权、智能资产和智能合约。区块链3.0就是超越货币、金融、市场之外的区块链应用，特别是在政府、健康、科学、文学、文化和艺术等领域。

下面我们会对区块链发展历程中这三个重要的阶段进行一番详细介绍。

（1）区块链1.0阶段：加密数字货币时代（2008—2013年）

2008年，中本聪首次提出了比特币和区块链的相关概念，随后在2009年1月，创造出了第一个比特币区块。在这个阶段，人们更多地关注加密数字货币的交易，区块链仅仅作为底层技术充当"公共账簿"的作用。

通俗地讲，区块链1.0是区块链技术的基本版本，是与转账、汇款和数字化支付相关的密码学货币应用。通过这一层次的应用，区块链技术首先起到了搅动金融市场的作用。诸如纽约证券交易所、高盛、芝加哥证券交易所、花旗、纳斯达克交易所等大型金融机构都在过去的几年中陆续进入了区块链领域。

　　这一层次应用的另一个影响就是构建了新型货币体系——数字货币。不同于电子货币，数字货币目前并没有统一定义，反洗钱金融行动特别工作组（FATF）认为数字货币是一种价值的数据表现形式，通过数据交易并发挥交易媒介、记账单位及价值存储的功能，但它并不是任何国家和地区发行的法定货币，也没有政府为它提供担保，只能通过使用者间的协议来发挥上述功能。而电子货币是将法定货币数字化后以支撑法定货币的电子化交易，如我们在现实生活中使用微信和支付宝等交易的货币形式，因此二者并不等同。数字货币的主流是以比特币为代表的去中心化的加密货币。

　　基于区块链技术的数字货币体系或许可以解决目前传统货币体系中存在的三大弊端：

　　1）区块链体系由参与者共同维护，不需要专门消耗人力和物力，去中心化的结构使交易成本大幅度降低。同时，数据公开和透明的特征使得在其中做假账几乎不可能实现。

　　2）区块链以数学算法为背书，其规则是建立在一个公开透明的数学算法之上，能够让不同政治文化背景的人获得共识，实现跨区域互信。

　　3）区块链系统中任何一个节点的损坏或失去都不会影响整个系统的运作，具有极好的健壮性。

　　（2）区块链2.0阶段：智能合约时代（2014—2017年）

　　2014年，"区块链2.0"成为去中心化区块链数据库的代名词。在这个阶段，人们主要关注平台的应用。任何人都可以在区块链上上传和执行智能合约，并且在执行完毕后会自动获得奖励。由于这个交易过程不需要任何中介，因此人们的隐私得到了极大的保护。

　　除了区块链1.0中提到的构建货币体系之外，区块链在泛金融领域也有许多应用。基于区块链可编程的特点，人们尝试将智能合约添加到区块链系统中，形成可编程的金融系统。

智能合约的核心是利用程序算法替代人执行合同。这些合约需要自动化的资产、过程，以及系统的组合与相互协调。智能合约包含三个基本要素，即要约、承诺、价值交换，并有效定义了新的应用形式，使得区块链从最初的货币体系拓展到金融的其他应用领域，包括在股权众筹、证券交易等领域开始逐渐有应用落地。传统金融机构也在大力研究区块链技术，以期与传统金融应用相结合。

（3）区块链3.0阶段：大规模应用时代（2018年至今）

在这个阶段，人们开始构建一个完全去中心化的数据网络，区块链技术的应用也不再局限于经济领域，而是扩大到艺术、法律、房地产、医院和人力资源等领域。

因此，区块链应用超越了金融领域，进入社会公证和智能化领域。区块链3.0主要应用在社会治理领域，包括身份认证、公证、仲裁、审计、域名、物流、医疗、邮件、签证和投票等领域，应用范围几乎涵盖了整个社会，因此区块链技术有可能成为"万物互联"的一种最底层的协议。

区块链的主要应用场景可以笼统地归纳为数字货币、数据存储、数据鉴证、金融交易、资产管理和选举投票六个场景。

1）数字货币。以比特币为代表，本质上是由分布式网络系统生成的数字货币，其发行过程不依赖特定的中心化机构。

2）数据存储。区块链的高冗余存储、去中心化、高安全性和隐私保护等特点使其特别适合存储和保护重要隐私数据，以避免因中心化机构遭受攻击或权限管理不当而造成的大规模数据丢失或泄露。

3）数据鉴证。区块链数据带有时间戳、由共识节点共同验证和记录、不可篡改和伪造，这些特点使区块链可广泛应用于各类数据公证和审计场景。例如，区块链可以永久地安全存储由政府机构核发的各类许可证、登记表、执照、证明、认证和记录等。

4）金融交易。区块链技术与金融市场应用有非常高的契合度。区块链可以在去中心化系统中自发地产生信用，能够建立无我国区块链市场发展及区域布局中心机构信用背书的金融市场，从而在很大程度上实现了"金融脱媒"；同时，利用区块链自动化智能合约和可编程的特点，能够极大地降低成本和提高效率。

5）资产管理。区块链能够实现有形和无形资产的确权、授权和实时监控。无形资产管理方面可广泛应用于知识产权保护、域名管理和积分管理等领域；有形资产管理方面则可结合物联网技术形成"数字智能资产"，实现基于区块链的分布式授权与控制。

6）选举投票。区块链可以低成本且高效地实现政治选举和企业股东投票等应用，同时基于投票可广泛应用于博彩、市场预测和社会制造等领域。

 目前限制区块链发展的因素有哪些？

为什么现在区块链落地很难？一方面其技术门槛高，技术壁垒依旧难以攻克；另一方面相关法律法规还并不很完善，所以导致主流资金不能够进场。

（1）技术门槛高

对于普通用户来说，操作相对复杂。例如，你现在要转一个加密数字货币，就需要有钱包、要知道怎么翻墙、要有一定密码学的知识，这对很多人来讲是非常麻烦的。另外，想要企业上链或进行币改，都需要一定的技术和理论基础。

（2）技术壁垒依旧难以攻克

区块链很多根本技术问题还没有得到有效解决，主要体现在以下几点：

1）区块链扩容问题，造成的交易吞吐量受限。如今，大多数区块链的交易吞吐量都是有限的，以区块链的头部为例，比特币每秒只能分别处理7笔交易，而以太坊每秒也只能处理20笔交易，跟支付宝每秒可以处理数万笔交易的速度对比，实在太慢。而且，由此还会存在延迟的困扰，这个问题亟待解决。

2）能源消耗问题。许多公有链的发展和搭建需要消耗大量的能源，一方面是成本昂贵问题，另一方面对环境也会造成一定的破坏。

3）完全去中心化的管理问题。因为区块链主张去中心化，一旦遇到交易纠纷、私钥丢失等问题，也就没有解决方案了。因此很多人开始重新引进中间机构，但这又违背了区块链去中心化的宗旨，依旧没有解决中心化的问题。此外，完全的去中心化还存在潜在的安全漏洞，比如最有名的"51%攻击"。区块链是由一个个单个节点组成的，但如果绝大多数节点由单个实体控制，那么系统就会变得可操控了。

（3）法律的不确定性

各国政府对区块链秉持小心谨慎的态度，因为它对于货币政策、财政政策都会有很大的影响。要知道，各国政府对于新技术都需要有一个很慎重的研究过程。

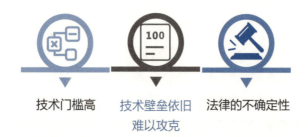

技术门槛高　　技术壁垒依旧　　法律的不确定性
　　　　　　　　难以攻克

我国的区块链现状是什么？

2019年，我国区块链产业发展迅速，主要体现在以下几点：

（1）区块链开始进入企业战略决策和国家发展规划里。国家高层战略引导和支持，营造良好的政策环境。

据不完全统计，2019年上半年全国超过23个省市发布了超过112条涉及区块链的政策信息。政府高层强调区块链技术的应用在技术革新和产业变革中起到重要作用，支持加快推动区块链技术和产业创新的发展。

国务院发展研究中心信息中心研究员李广干表示，我国在区块链产业有非常大的优势，我国区块链的申请专利量占全世界区块链申请专利量的80%以上，并且由政府引导牵头，我国区块链的发展方向仍然以赋能实体产业为主。

（2）区块链的市场监管政策也逐渐完善。一方面，对于虚拟货币的交易和服务进行高度警惕和严格检测。早在2017年，政府监管部门联合发布了《关于防范代币发行融资风险的公告》，明确投资者筹集虚拟货币的行为属于涉嫌非法集资、金融诈骗等违法犯罪行为，但随着区块链热度的增加，许多不法分子又开始蠢蠢欲动，因此，监管部门要求加大清理整顿虚拟货币及交易所的力度，进行全国各地的全面排查。有数据显示，2019年以来，被查封关闭的境内外虚拟货币交易平台就有209家，关闭的营销小程序和公众号将近300个，而关闭的支付账户也高达上万个。另一方面，对区块链应用的相关行业监管体系也在进一步完善，为产业区块链项目深入服务实体经济提供有力保障，市场趋于规范，产业环境逐渐清晰；此外，在技术突破和人才鼓励的扶持上，我国也通过设立区块链产业园、区块链专项投资基金等方式，对技术创新和人才引进进行贴补，促进区块链产业的发展。

另外，我国金融科技监管沙盒试点地区具体方案正式获批，自2018年年底央行等六部委决定在北京、上海、福建等十省市开展金融科技应用试点之后，2019年年底，试点地区的具体试点方案正式获得六部委批复。

"监管沙盒"是一个"安全空间"，在这个安全空间内，金融科技企业可以测试其创新的金融产品、服务、商业模式和营销方式，而不用在相关活动碰到问题时立即受到监管规则的约束。再直白一点就是，监管者在保护消费者/投资者权益、严防风险外溢的前提下，通过主动合理地放宽监管规定，减少金融科技创新的规则障碍，鼓励更多的创新方案积极主动地由想法变成现实，在此过程中，能够实现金融科技创新与有效管控风险的双赢局面。

所以，在试点过程中，原来不被允许或有争议的业务，在试点中都可进行尝试，也为区块链行业的发展开拓了更多探索可能。同时，阿里巴巴等企业巨头的入局，也为整个行业注入新生与动力。

 67 区块链有哪些应用和成功案例？

区块链可以应用到各行各业，例如：

（1）区块链+金融

其实，中本聪发明的比特币就是区块链在金融领域的第一次应用，也正是因为比特币的巨大成功，人们才开始认识到比特币的底层技术——区块链技术的巨大变革力量。

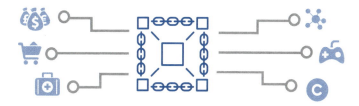

可以说区块链技术从本源就是为了重构或颠覆传统金融体系而来的。从技术上讲，区块链技术也是最容易与金融领域结合的。金融生态主要通过以下几个方面：

1）金融领域的结算和清算。

以金融领域的结算和清算为例，全球每年涉及各种类型的金融交易高达18万亿美元。由于交易双方互不信任，因此金融机构需要通过处于中心位置的清算机构来完成资产清算和账本的确认。

这类涉及多个交易主体且互不信任的应用场景就非常适合使用区块链技术。原则上可以直接在金融机构之间构建联盟链，机构之间只需要共同维护同一个联盟链，即可实现资产的转移和交易。

2018年中国银行、中信银行、中国民生银行共同设计开发的基于"分布式架构、业务环节全上链、系统衔接全自动"的区块链福费廷（Forfeiting）交易平台已经上线，并已完成首笔跨行资产交易。截至2018年10月26日，平台交易量达到6笔，总金额达3000万元。

而央行也在主导银行间的区块链联盟链的建设：先行在中小银行间进行试点，建立一个以中小银行为节点的联盟链，对链上数据加密，并非对所有人可见。央行没有写入权，但拥有所有私钥，在符合法律规范的前提下可以查看所有数据；中小银行拥有写入权和查看自己客户资金流的权限；企业和消费者的所有记录都在区块链上，有写入自己支出的权限，并可以向节点提出验证申请。企业或个人如果有查看对手方资金流的需要，可以申请第三方签名权限，这个第三方可以是中小银行、央行或任意其他双方都接受的人。

区块链技术在中小银行普惠金融领域也拥有巨大的潜力，中小银行零售业务中的一个重点就是小微企业资金支持问题，在区块链上小微企业资金使用将会无比清晰，每笔交易都可查询追溯，对于银行监督来说，企业的资金使用若出现违规则直接可见，还可以加入智能合约。如果企业资金使用违反约定，那么将会无法付款，大幅降低监督成本。这样能最大限度地避免企业的道德风险问题，而小微企业贷款难贷款贵的根源就在于信息的不对称。

在中小银行零售业务的支付结算方面，企业之间的债务可以不通过银行，直接在区块链上结算。假如A欠B 100元，B欠C 100元，C欠A 100元，那么三者之间的债务可以直接清除掉，即使是更复杂的债务关系，对于计算机来说，并不会带来任何困难，这能大大减少支付结算的成本。

在区块链试行的前期，小微企业和银行仍旧存在存贷关系，但企业间的支出完全可以去中介化，直接在区块链上进行；后期可以演化为在区块链上直接进行股权或债权融资，直接颠覆创业板、新三板、私募股权等融资方式。

此时银行已经转换角色，从金融中介机构转变为金融服务商。

2）另一个区块链可颠覆的金融服务——跨境支付。

通常跨境支付到账时间长达几天甚至一周。除此之外，跨境支付需要双边的用户都向当地银行提供大量开户资料和证明以配合银行的合规性要求，参与交易的银行和中间金融机构还需要定期报告以实现反洗钱等其他合规性要求。这是一个典型的涉及多方主题的交易场景，区块链技术可以应用在多个环节。

区块链技术一方面可以减少用户重复提交证明材料，提升效率，另一方面可以更好地配合合规性、实时性等要求，大幅提升金融机构的运行效率，提升监管效率。

此外，由于区块链技术可以在银行等金融机构之间直接实现资金和资产的转移，因此可以去掉高昂的中间费用，还可以结合智能合约等技术，在合约中规定好实施支付的条件，在支付的同时保证义务的实施，提升交易的安全性。

3）财产保险。

财产保险是除人寿保险之外最大的保险。传统上，财产保险理赔是用户的痛点和成本瓶颈，估计理赔成本的占比至少高达保险公司收入的11%。而且，由于理赔过程中用户需要提供大量的资料，客户体验往往非常不友好。

由于每个理赔都可能会涉及大量的手工操作，因此需要占用大量的人力、物力来进行理赔处理。此外，由于保险公司各自为政，财产保险理赔还需要对抗保险欺诈。而区块链技术则可以很好地缓解财产保险理赔的用户痛点，降低理赔成本。

首先，区块链可以减轻客户提供理赔资料和证明的负担，如果资产可以智能化地嵌入智能合约，则资产可具备自动启动理赔流程的能力，甚至可以实现自动化理赔，大幅加速理赔过程，改善客户体验，甚至可以在联盟成员之间进行合理的数据共享，有效地发现和排除保险欺诈。

其次，区块链技术的应用可以大幅度减少保险公司对中介代理服务人员的需求，从而大幅度降低运营成本。

（2）区块链+电商行业

电子商务诞生于20世纪90年代，它是以信息网络技术为手段，以商品交换为中心的商务活动。电子商务简称EC，很多人认为它是Internet的最终主要商业用途，因此称它为划时代的象征。

据美国市场调研公司Forrester的数据显示，到2018年年底，中国的电子商务市场规模有望达到1.1万亿美元，成为全球首个价值万亿美元的电子商务市场，该报告指出到2022年，中国电子商务市场规模将达到1.8万亿美元，远超美国和日本。

电子商务的扩大也极大地推动了物流、客服等行业的发展。但同时它也带来了很多问题，据电子商务消费纠纷调解平台大数据显示，2018年上半年受理的投诉案件数同比增长66.93%，增速远远高于往年。

为了解决电商在假货、物流、诚信、监管等方面的痛点，各大企业、平台也都各显身手，招式尽出。区块链如何解决这些问题呢？

第一，对商品生产过程进行监督。人们在逛网店的时候，最担心的就是买到假货，尤其是海外商品，此外还有假货带来的价格问题。如何在确保真货的情况下，买到价格合理的商品，真的让有选择恐惧症的人感到头疼。而区块链技术的透明性、不可逆，可以让消费者随时查看商品的生产地、生产商和原材料等。

第二，对商品运输进行追溯跟踪。电商涉及的供应链、存货、物流等一系列运营活动中会涉及多个中间机构，而区块链去中心化、不可篡改、可追溯的特征将整个流程变得透明，任何一个合作方都可以查看库存和支付情况，能很好地解决供应链的"牛鞭效应"（是指供应链上的一种需求变异放大现象。其产生的根本原因在于供应链中上下游企业间缺乏沟通和信任机制，需求信息在沿着供应链向上传递的过程中被不断曲解）问题。同时，区块链的智能合约可以用于规范中介机构，如物流和支付管理合作伙伴，将庞大的管理体系简化，从而提高效率。

第三，对商品销售和售后服务进行保障。目前，我国电子商务市场3/4的交易是在移动端完成的，支付信任是平台需要解决的一大难题，而区块链被人们称为"信任机器"。给大家举个例子，很多网店为了好评会出现刷单或伪造数据的现象，而购买信息上链后是不可篡改的，保证真实性、货真价实，人们可以查看商家真实的交易记录来确保商家可信。

第四，对用户隐私进行保护。Facebook和谷歌都曾被指责私自采集用户隐私信息，尤其是我国的电子商务平台覆盖用户面广，更需要注意和保护用户安全。区块链的私钥、公钥和加密算法就能够解决这一问题，每个用户有自己独立的地址，并且由于区块链的匿名性，企业也不能公布或储存用户信息，也免受黑客的攻击。

我国电商巨头阿里巴巴从2016年就开始引入区块链，首先是蚂蚁金服上线区块链技术应用于爱心捐赠平台，进行区块链技术的第一次试水；到2017年蚂蚁金服技术实验室宣布开放区块链技术，支持进口食品安全、商品正品溯源；2018年菜鸟和天猫国际宣布，启用区块链技术用于跟踪、查证跨境进口商品的物流全信息，这些数据包括商品的原产国、启运国、装货港、运输方式、进口口岸、保税仓检验检疫单号和海关申报单号等。

在2017年，京东宣布成立"京东品质溯源防伪联盟"，联合各级政府部门通过联盟链的方式，搭建京东区块链防伪追溯平台；同年12月，与沃尔玛、IBM、清华大学电子商务交易技术国家工程实验室共同宣布成立我国首个安全食品区块链溯源联盟。

在国外市场，2019年11月14日，雀巢和家乐福宣布，客户能够使用区块链技术检查一系列婴儿奶粉配方产品的真实性。

现在的电商上链主要有两种方式，像阿里巴巴、京东这些大企业会自主研发，搭建自己的区块链平台，而有的企业会选择引入专业的区块链技术平台，像亚马逊就是选择与技术咨询公司Luxoft Holding达成合作，进行上链。

类似的区块链技术公司如雨后春笋，像2018年年初，美国跨国科技咨询公司IBM联合马士基集团（MAERSK，全球最大的集装箱运输企业）推出了区块链技术平台TradeLens，主要服务于海运和物流行业。它的应用技术主要体现在：减少成本，增加透明度。海运运输会涉及货运公司、代理商、承运商、港口、海关等多方的协商，而通过区块链技术，各方参与者都可以随时查看货物状态，根据参与者的权限级别提供端到端的可见性，让参与者实时、安全无缝交接。而且在海运过程中，有一个最头疼的问题，就是文件的处理和管理。贸易文件的相关成本在实际运输成本中可以占到1/5，文件多而杂，在转移的过程中很容易出现延迟、丢失等问题。基于区块链的无纸化贸易让整个文件管理变得数字化和自动化，从而减轻过海关和运输的复杂度和成本。

区块链在电子商务领域的落地，相较其他领域更加成熟，当然想要持续发展，仍然需要在技术上进行不断优化。

（3）区块链+医疗

医疗行业是一个非对外互联、严格把控数据和技术的行业。针对医疗行业存在隐私安全性差、网络安全事件频发、信息互通弱、药物溯源不清晰等痛点问题，区块链或能给出一份满意答卷。

1）病历管理。

区块链采用数据多节点、分布式多重存取的方式，保证用户信息的真实性、完整性和不可篡改的特性，任何试图伪造、更改医疗数据的行为在链上都是行不通的。对于医院来说，可以提高工作效率，患者在就医时，医生不需要再给患者进行已做过的相关的检查，直接查看历史数据就可以了。

2）隐私保护。

不同于一般行业的数据，医疗数据具有其特殊的敏感性和重要性。然而，因为一些内部失误、人情世故或互联网商业行为等原因导致个人隐私被泄露。区块链的加密和去中心化的特点或许可以成为保护用户隐私安全的最后一道屏障。屏障外，将相关信息公开给医院，使得患者可以接受最好的医疗服务；屏障内做好匿名处理，即使信息被公开，对用户本身的保护也可以达到最大化。

3）数据共享。

由于数据化程度低，各医院之间存在着明显的信息不对称现象。例如，在A医院做过一些检查，由于信息无法同步，到了B医院还要再做一遍，耗时、耗力、耗钱。区块链本身的共享功能可以有效地解决这个问题，同时从社区自治的角度可以很好地促进大家进行数据共享。

4）就诊流程。

到医院看病是一个非常磨人的过程，经常要花费一天的时间，早起排队挂号，然后填写病历本，填写完就等着医生叫号，然后开始面诊，面诊完拿着单子继续排队缴费，最后去取药。面对看病难的问题，智能合约或许可以解决。它的最大作用就是自动化执行相关程序流程，减少人员参与的环节，提高效率。同时还能够实现大部分计费、支付程序的自动化，跳过中间人，降低行政成本，为患者和医疗机构节省时间。

5）药品溯源。

区块链技术可以为医药追溯系统提供数据支持，记录每一盒药的流通过程，把药品生产、医药流通过程的数据记录到区块链系统中，与上下游企业共同建立节点，确保医药数据的安全、透明。

6）处方管理。

所有信息上链后都不能更改，因此区块链电子处方可以保证处方的真实性、安全性。同时可以让患者拿着处方单在外开药，实现医疗机构处方信息、医保结算信息与药品零售消费信息互联互通、实时共享。

目前，国内几家互联网巨头已经开始试水。2017年，阿里健康宣布与常州市合作医联体+区块链试点项目，这也是第一个基于医疗场景实施的区块链应用。以当地一家卫生院的分级诊疗为例，过去各大医疗机构之间的信息是不互通的，无法实现病例的授权和流转，造成很多不必要的麻烦。而现在引入了区块链技术，社区的病例可以直接授权给上级医院，医院接到后可以第一时间了解病人信息，不再需要二次检查，真正实现了早发现早治疗。

腾讯与医院合作打造微信智慧医院，从挂号、支付环节入手，用微信解决患者就诊全流程。为了使环节更加简便，腾讯还与社保部门合作，推出了微信社保卡。同时着眼于医疗处方，在柳州实现了全国首例院外处方流转服务，院内开处方，院外购药，甚至送药上门，为患者带来了极大的便利和安全性保障，也推动了医疗生态的升级。

从国外来看，IBM、谷歌、飞利浦等企业也正在进行区块链技术在医疗领域的落地探索。2017年年初，IBM沃森健康部门（IBM Watson Health）与美国食品药品监督管理局（FDA）签署研究计划，探索区块链技术在公共卫生保健方面的应用，包括医疗记录、临床试验、基因组数据及来自可穿戴设备、物联网的健康相关数据。

谷歌在区块链+医疗方面的应用更进一步，推出DeepMind区块链医疗数据审计系统，在保障系统安全、可共享的同时，允许医务人员从病人简历中获得医疗预测分析，将系统出错率降到2%以下。

不仅是顶级科技巨头强势进入，持续在医疗器械产品领域发力的飞利浦也在逐渐加大对区块链的投入。2015年10月，飞利浦与区块链公司Tierion合作首个区块链+医疗项目，将医疗数据收集并记录到区块链上。为了保护医疗数据隐私，飞利浦开始制定医疗行业数据标准。

不难发现，区块链和医疗行业相结合会解决很多行业痛点，同时也极大地降低医疗行业的经营成本。虽然目前普及率较低，但随着区块链技术的不断发展，医疗领域一定会越来越好。

（4）区块链+供应链金融

供应链金融和区块链的结合也是被认为现在最适合区块链落地的项目。那供应链金融是什么呢？用一句话概括就是，围绕核心企业，以核心企业信用作为背书，为产业链上下游企业提供融资贷款。供应链金融可解决中小企业融资难的现象，主要以应收账款融资、库存融资及预付款项融资三种模式为主。

以前企业的融资方式不外乎股权融资和债权融资两种，而这都要基于企业的信用之上，但是这种信用在中小企业身上是一种隐形的风险。简单来说，中小企业申请银行放贷，银行考虑的问题不是企业过去是否有失信的黑历史，而是要考虑如果未来企业资金链出现问题，如何收回贷款。中小企业的寿命为3~5年，这种风险对于银行来说是不可控的。

所以，供应链金融平台的出现成为中小企业的一种新型融资方式。在这个系统中，信用好、规模大的企业是核心，其他的多级供应商企业来围绕核心企业运转。这样既可以优化这个过程中的贸易和资金流转效率，又可以使弱势企业因为核心企业的背书而获得优势企业的预付款或银行的融资。

但是有了供应链金融平台后又出现了一个新的问题，那就是：初衷是希望借助核心企业这样一个背书来服务于中小企业的融资，现在只实现了银行、核心企业到一级供应商之间的放款，核心企业的背书并没有下放到三级、四级以下的供应商。也就是说，当一个四级供应商以分期付或借条的形式向五级供应商购买产品时，五级供应商无法信任四级供应商；同样，当五级供应商需要融资时，就会向银行贷款，都知道银行贷款是非常麻烦的，需要对企业进行授信，但是银行只拿到了"五级供应商与四级供应商"的信用凭证，这个信用关系在银行这些主体金融机构面前没有任何作用，这往往就是一个死循环。

所以，区块链的出现真正打通了核心企业与五级供应商直接联系的通道。区块链实现了价值和信任的传递。通过数据上链，保证信息真实，便于信用凭证的分割、流转，就可以解决一级供应商的授信拆分问题。其次，区块链的不可篡改、分布式账本也让平台的交易数据变得真实可信。

1）信用传递。

基于区块链的供应链金融平台可以将核心企业出具的凭证进行分拆，并且分级传递到底层供应商，到时候五级供应商就可以拿着从四级供应商流转下来的凭证去向核心企业申请"兑付"，因为这是核心企业传递下来的"信用"。

2）保证信息真实。

这里不是要保证小企业的数据真实，因为小企业的存续时间短，他们的企业数据不具有参考性。此处要说的是核心企业的数据。过去核心企业的数据拿给银行看，银行如何来判定这些数据是否有篡改和不实的嫌疑，这是很大的问题。而有了区块链之后，核心企业写入数据时，银行等金融机构那里同时也有一个账本，这个数据不能被简单篡改，所以区块链真正解决了贸易端和资金端信息数据不可信的问题。

不过从现在的发展情况来看，小企业以为把企业的数据上链就可以得到信任，就可以去银行申请贷款，这是很大的误区。正如我前面讲到的，关键不在于数据的真实性，中小企业都是有一个生长周期的，银行在贷款的时候要考虑风险控制，企业上链确实信息真实可靠了，如果将贷款给了企业，但一年后企业要是破产了，这钱怎么办？

这不是靠区块链能够解决的。所以要注意一点，在供应链金融领域，区块链真正能够解决的是债权问题而不是信用问题。对于供应链系统的三级、四级供应商来说，我要看到整个资产流转拆分的过程，要清晰看到核心企业在凭证上的签名，才能给你放款。而区块链就是保证这一层层债权关系是真实可靠的。

（5）区块链+游戏

传统的游戏较封闭，基本上玩家所有的沟通和资产兑换等都是在同一款游戏内进行，而且传统游戏的生命周期是很短的，一旦玩家放弃游戏，之前所有的消费都没有用了，充钱真就变成了"图个乐"。

那么很多玩家自然希望自己在上一款游戏中的成就或金币能够转移到下一款游戏中，这点就可以通过区块链的通证系统来完成，实现价值、数据、资产等方面的流通。

游戏具体是如何与区块链结合在一起的呢？

第一，游戏规则上链，将游戏主导权由厂商转移到大众玩家手中。想当初我玩网游《剑侠情缘网络版叁》（以下简称《剑网3》）的时候，每出一个新角色，原来的角色能力就会被无限削弱，想想真的好心疼。而当游戏上链后，游戏玩家就不仅仅被动接受厂商所制定的规则。在规则制定后，获得玩家认可便不能再修改。甚至在上链后，只要有一名玩家依旧在玩，该游戏就不能下线。

不过这样又会出现新的问题，根据市场变化，游戏也需要不断的迭代、更新，如果在前期规则都明确敲死了，不仅对厂商会造成损失，对于玩家来说也缺少探索的乐趣，如何把握规则上链的尺度，寻求厂商和玩家之间的平衡，也是面临的一大难点。

很多人提出了相应的解决方案，如规则局部上链，或者每增加一个规则，由玩家投票通过等，但现在依旧没有一个较为成熟的案例。

所以总结来说，现在区块链游戏落地较为成功的模式是半中心化发展，即混合架构，也就是游戏的交互、场景设计等由厂商开发迭代，属于中心化；另一方面将资产上链，某些不影响游戏生死的规则制定权交由社区（玩家）来决定，是去中心化。

第二，游戏资产上链，保证透明、公开、公平。首先是交易的透明性，区块链的透明、不可篡改已经是老生常谈了，它保证了游戏厂商不能随意增加或减少道具，也避免和减少玩家之间的利益纠纷，但是现在的区块链技术速度还很慢，不能支持大量的交易。

而且厂商之间的利益分割问题也是一大阻碍。例如腾讯，其97%的收益都来自游戏，试想如果你是马化腾，你会愿意和网易的游戏打通吗？所以，现阶段区块链游戏的落地还停留在初级阶段，依旧有很多壁垒需要打通。

举几个区块链游戏的案例：

1）区块链养成类游戏——由Axiom Zen开发的《谜恋猫》（Crypto Kitties）。只要提到区块链游戏，就不得不说这款简单粗暴的养成类游戏，它算是区块链游戏的鼻祖。2017年11月它在以太坊平台上线运行，这里要补充一句，现阶段出现的区块链游戏基本都是在以太坊平台上线的。在游戏中，用户通过以太币购买、养育、繁殖电子猫，它与传统的养成类游戏最大的区别在于，它可以"赚钱"。

游戏里，初代猫只有5万只，必须经过培育才能产生后代，而每只猫都具有独一无二的元基因组，随着玩家越来越多，供不应求，猫的价格就被抬高了，玩家通过繁殖可以进行盈利，曾经就出现过一只猫被卖出70多万元人民币的天价。

由于是区块链游戏，所以《谜恋猫》是去中心化的，有人甚至感慨，就算现在Axiom Zen关门大吉，玩家的虚拟小猫还是会活在以太坊的区块链上，这点还是令人欣慰的。

随着《谜恋猫》的出现，似乎打开了区块链游戏的大门，随机涌出了一大批类似的区块链养成类游戏，甚至有说法称，动物园的动物都不够用了。不过，这类游戏基本上是换汤不换药，其中也不乏一些"庞氏骗局"，所以想玩的朋友还需谨慎哦。

传统游戏的最终意义和价值还要体现在用户体验与娱乐性上，而这点似乎区块链技术并没有提供太多帮助，也是最被大家所诟病的一点，很多人认为现阶段的区块链游戏基本都是用来炒钱的，如博彩类游戏。

2）区块链博彩类游戏——Fomo3D，说它是2018年最火的区块链游戏一点也不为过，极短的时间内这个游戏以不可阻挡的趋势吸收了整整10万个以太币，将近3亿元人民币，因此也被称为以太坊史上最大的资金盘游戏。

这里简单介绍一下Fomo3D的玩法：玩家购买一次Key，Key的价格都会上涨。后进入的玩家每购买一个Key，前面的玩家就可以拿到一笔分红，而且随时可以提现出去。整个游戏就是一个计时器，24小时为一个周期，当倒计时到最后一秒游戏结束的时候，买入Key的人将可以拿走全部奖金。

总结来说，就是越早进入游戏的玩家能获得越高的比例分成，越晚进的越容易变成"韭菜"。虽然很多人认为它就是一场"庞氏骗局"，但耐不住人们对于一夜暴富的欲望，一波又一波地涌了进来。

这种游戏的风险主要体现在两点：①平台跑路，而这点因为游戏是基于区块链的，所以不存在这个风险；②接盘风险，当你持有的Key达到最贵的时候，而后面没有人接盘，这个时候游戏也就结束了。

从上面两个例子可以看出，游戏行业与区块链的结合更应该倾向于经济生态与生产关系的变革，而不是感官上的变化。哈希世界的创始人贾英昊在接受链得得采访时表示："区块链未来的生态必然是一部分在链上，另一部分在链下。"资产之类的放在链上，而游戏交互和场景设置等就放在链下。

区块链与游戏的结合可以分成两种：一种是区块链+游戏，另一种是游戏+区块链。两种本质的区别在于，前者是完全基于区块链的游戏，而后者是游戏将原来的部分架构上传到链上。

在现阶段，单纯的区块链+游戏很难有所突破，因为要涉及的利益纠纷太过复杂，运营商更倾向于改造已有游戏，将部分上链；而游戏+区块链受限于技术条件差、玩家数量少等因素短时间也很难泛起水花。由此可见，区块链与游戏的结合落地依旧有很长的路要走。

（6）区块链+版权

区块链的特性能够让它很好地运用于版权行业。版权又叫作著作权，指的是法律上赋予的著作人可以防止其他人未经许可而复制作品的权利，作品包括计算机程序、文学著作、音乐作品、照片、电影等。

简单地做一个版权的历史回顾，北宋时期活字印刷术发明以后，为了防止复制品流传于民间造成行业乱象，印刷商向官府申请准许其独家经营权，可见国人很早就有了版权维护意识。1910年，清朝正式颁布版权律法《大清著作权律》。到了1915年和1928年，北洋政府和国民政府相继颁布了《著作权法》。直到1990年，《中华人民共和国著作权法》（以下简称《著作权法》）正式颁布。

随着人民版权意识的提高，法律的日渐完善，如今的《著作权法》经过多次修订，已日趋完善，法律根据当代各类作品的特点、社会情况、科技发展，进一步完善了对版权的保护法则与方式，维护创作者的利益。

虽然有了法律的保护，但其本身还是存在一定痛点。当下，互联网开启的数字时代，赋予了普通个人零成本复制、秒速传播的能力，侵犯版权几乎不需要付出什么代价。

1）确权。

在传统的版权交易中，确权环节主要是通过"出版权"的方式来确认的。例如，我写了本书，想要进行版权确认，要怎么操作呢？具体分为以下几步：第一步是到出版社拿到书号；第二步确定版权的边界；第三步就是进行版权交易。

但通常情况下，在国内要等3~5个月才能被出版，而且平均下来一个作品的出版成本是3万元左右。可见，注册认证阶段的时间和资金成本都很高。

针对版权的确权问题，是可以通过区块链来解决的。由于区块链具有不可篡改性，可以帮助作者完整记录作品从最初的灵感到最终呈现的所有变化过程，证明作品归属于谁。同时，作品通过计算哈希值上链后，不需要支付高额的费用，降低确权成本。最重要的是，它比人工审核速度快，可以支持百亿级数据。

2）授权。

传统的著作权授权模式可以分为两种：一是一对一授权模式，即著作权人和作品用户之间的谈判授权模式；二是集体管理模式，即著作权人的代理人和作品用户之间的代理模式。目前，一对一的模式耗时过长，无法满足出版产业的需要，即便可以实现，当中的授权交易次数和巨大成本是难以想象的。

区块链的去中心化特征可以有效地解决这一问题，授权不需要代理人，著作人仅需要把作品直接放到链上，就能轻松实现版权授权，减少交易次数，降低授权成本。

3）交易。

通常一个作品的版权会被拆分成很多个小的版权，每个版权有它自己独立的权利范围和授权时间。而每个细分版权的交易时间相差很远，所以不用说市场，就是作者本人都不知道自己的作品的某项权利是什么样的状态。

而区块链可以完整记录作品的所有变化过程，因此在交易过程中，可以实现版权交易的透明化，所有涉及版权的使用和交易环节，区块链都可以记录下使用和交易痕迹，并且可以看到并追溯它们的全过程，直至最源头的版权痕迹。区块链记录的版权信息是不可逆且不可篡改的，公开、透明、可追溯、无法篡改，保证了信息的真实可信。

目前，区块链版权保护平台如下：

1）亿书（Ebookchain）。亿书是一个基于区块链的写作工具，具有版权保护功能，更是第一款聚合知识创作、数字出版、电子商务、物联网等全生态的区块链应用平台。

它的原理是通过加密签名技术和时间维度实现版权保护。通过加密数字货币构建一个全新的激励体系鼓励大家在平台上一起分享和合作。同时利用侧链技术，开发出各种去中心化的应用。

2）Primas。Primas是一家全开源的内容发布、推荐和交易平台，借助区块链技术赋予原创内容与质量挂钩的价值，从而改变现有内容市场格局，解决优质内容难以识别、传播和变现的问题。

这个平台的核心技术Primas DNA是一个溯源的标志，通过DNA可以找到文章最早是谁发的，最早的授权是什么，以及原始的内容是什么。只要文章内容没有比较大的丢失，就可以通过内容重新算出DNA 。另外，可以通过在浏览器中安装插件，即使没有Primas DNA，相关信息也会直接在浏览器或App中显示。

利用区块链技术解决版权问题是一件好情，但它依旧面临区块链技术商业化应用普及较低、区块链凭证没有法律保护、哈希值生成花费较大等问题，只有这些问题真正得到解决，才能对版权得到最佳保护。

市面上有平台打着"版权确权"的标语，其实很多仅仅对作品进行了粗略的特征码提取，并没有对作品内容进行深度的剖析，只是一种象征性证明，以至于抄袭作品、盗版作品都能顺利地获得其提供的版权证书，没有实际价值与意义。

目前，有很多人关注到了版权问题，也在试图用区块链的技术实现版权记录，但是技术上与完全保护版权尚有距离，暂时没有观察到非常完善的解决方案，所以大家需要认真分析，谨慎选择。

[提示] 有关传统行业巨头如何参与区块链的相关内容，请参考《对话"最烧钱"的蒋国飞：蚂蚁区块链足够强大也必须强大》。

国内目前有哪些活跃的矿机厂商？技术及经营情况如何？

　　国内目前活跃的矿机厂商主要有三家，分别是比特大陆（Bitmain）、嘉楠耘智和亿邦国际，三者的市场份额加起来超过全球矿机市场总额的80%。另外还有一些小型矿机厂商，如比特微、芯动科技、比飞力（Bitfily）等。从市场占比来看，2018年，比特大陆占全球矿机市场份额的74.5%。

　　我国国内活跃矿机厂商及其业务汇总见表4-1。

表4-1　我国国内活跃矿机厂商及其业务汇总

公司名称	产品名称	简介	其他业务
比特大陆	蚂蚁矿机	比特大陆总部位于北京，从事加密货币相关产业和人工智能产业，其中包括生产机器人、生产矿机、提供矿池和云端挖矿等服务	蚂蚁矿池、算丰人工智能芯片
嘉楠耘智	阿瓦隆矿机	嘉楠耘智成立于2013年，是一家以集成电路设计和芯片自主研发为核心的企业，是世界超芯片和人工智能芯片开发商和配套服务提供商	勤智人工智能芯片
亿邦国际	翼比特矿机	亿邦国际是我国最早的比特币矿机制造商，除此之外，亿邦国际还从事通信技术应用的研发工作，主要包括5G技术网络接入、专属网络接入及最先进的宽带技术	宽带技术解决方案、传输设备制造
比特微	神马矿机	比特微成立于2016年，主营业务为区块链、人工智能等领域专用集成电路芯片及产品/方案的研发、生产及销售，并提供相应的系统解决方案及技术服务	—
芯动科技	芯动矿机	芯动科技有限公司地处苏州工业园和武汉东湖高新区两地，是最早的28纳米矿机生产商之一，产品覆盖多种主流数字货币	—
比飞力	雪豹矿机	比飞力成立于2017年，隶属于希格斯（HIGGS）超算集团，现设研发中心于深圳市南山区，并在宝安区设有测试工厂	超级计算机芯片生产
Baikal	Baikal矿机	Baikal成立于2008年，致力于芯片的研发及软件开发，2016年5月成功推出了第一款矿机——Baikal mini X11	—

注：以上数据来自链得得——得得智库及公开资料。

从技术来看，比特大陆、嘉楠耘智已经实现使用更高效率的7纳米芯片制造工艺的矿机量产，亿邦国际采用的则是10纳米芯片，从技术实力来说稍逊一筹。

目前有多少个知名的公有链？

当前知名活跃的公有链见表4-2 。

表4-2　当前知名活跃的公有链

公链名称	是否已发币	通证简称
Bitcoin	已发	BTC比特币
Ethereum	已发	ETH以太坊
EOS	已发	EOS
Bitcoin Cash	已发	BCH
Bitcoin SV	已发	BSV
Litecoin	已发	LTC
Binance Chain	已发	BNB
Huobi Chain	已发	HT
OKchain	已发	OKB
TRON	已发	TRX
NEO	已发	NEO
Ontology	已发	ONT
VeChain	已发	VET
Quantum Blockchain	已发	QTUM
Bytom	已发	BTM
TrueChain	已发	TRUE
Zilliqa	已发	ZIL
IOST	已发	IOST

续表

公链名称	是否已发币	通证简称
Elastos	已发	ELA
Metaverse ETP	已发	ETP
Factom	已发	FCT
WaltonChain	已发	WTC
GXChain	已发	GXC
YOYOW	已发	YOYOW
VNT Chain	已发	VNT
Conflux	未发通证	—

注：以上数据来自链得得——得得智库及公开资料。

 区块链适合什么行业？

　　区块链作为一个技术可以运用到很多行业，先要了解区块链技术的特性和优点：区块链技术可以提供去中心化、不可篡改、高信任度、可追溯、匿名性、分布式账本等多重功能保证。每个行业都可从自身需求入手，从而结合区块链技术。

　　第一，金融与区块链结合。金融领域算是区块链运用最早最广的领域之一。区块链技术可以运用到金融的结算和清算、加密数字货币、跨境支付、保险、证券等多个应用。

　　第二，物联网和供应链。供应链行业会涉及很多实体，如资金、物流、信息等。区块链的去中心化等核心特征可以对物品、物流进行实时追溯，利用智能合约加强信任，而区块链的开放透明性，使得所有人都可以实时查询，由此也减少时间和金钱成本，提高合作效率。私钥和公钥的匿名性也能够保护消费者隐私，同时区块链的不可篡改对商品销售和售后服务进行保障。同理，区块链也可以运用到版权、医疗、游戏等领域。

第三，数字政务。区块链的分布式技术可以让政府部门集中到一个链上，所有办事流程交付智能合约，办事人只要在一个部门通过身份认证及电子签章，智能合约就可以自动处理并流转，顺序完成后续所有审批和签章。

> [提示] 有关区块链适合的行业问题，请参考《【大文观链】区块链颠覆传统金融：保险业》《【大文观链】《逆水寒》和区块链：网易游戏弯道超车的新尝试》《【大文观链】民政部牵头的区块链+慈善能够做什么？》。

71　区块链在去中心化金融中扮演什么角色？

加密数字货币市场面临的争议不断，人们需要区块链技术能够打破瓶颈真正落地。目前来看，因其信息不可篡改的特质，在可信数据源上应用最为广泛。其中，区块链技术在法院取证上取得的进展最为突出。目前，北京互联网法院建立了电子证据平台天平链，成立以法院为中心节点的开放区块链平台，解决网络版权存在的电子证据存证难和认证难问题，达到了98%的和解率。

除却信息溯源，金融的数据安全、信息的隐私及网络的安全其实更为适合分布式区块链技术，区块链在金融方面可以形成点对点的数字价值转移，从而提升传输和交易安全性。利用区块链技术的去中心化金融就目前来看，则是区块链技术实现落地的一大优秀前景。

（1）去中心化金融的概念

在说去中心化金融之前，要提到一个概念，那就是金融科技（Financial technology，简称FinTech），金融科技可以理解为利用大数据、人工智能、征信、区块链、云计算、移动互联等新科技手段，服务于金融效率提升的科技产业。

　　需要强调的是，金融科技并未改变传统金融的核心业务逻辑——资金的融通，也没有改变金融服务的本质，金融科技只是改变了技术在金融活动过程中的流程与重要性。以支付宝为例，支付宝作为一种新科技手段，解决了用户与银行之间的烦琐流程，加快了交易速度，但依然是为传统金融做服务的。

　　去中心化金融，英文全称Decentralized Finance，简称De.Fi，也被称作开放式金融（Open Finance）。2018年8月，借贷协议Dharma Labs联合创始人及首席运营官布伦丹·福斯特（Brendan Forster）发表文章Announcing De.Fi，A Community for Decentralized Finance Platforms，首次提及去中心化金融这一概念。在文中，布伦丹·福斯特提到去中心化金融是一个分散的金融平台社区，符合以下标准：①采用区块链技术；②服务于金融业；③代码开源；④有强大的开发者平台。

　　随着区块链技术的不断发展，去中心化金融被赋予的意义也不断扩展：利用开源软件和分布式网络将传统金融产品转变为无信任且透明的协议的运动。据此，去中心化金融不仅包括公有链上服务于金融行业（或提供金融服务）的开源区块链项目，也包含发行通证并用于支付结算的比特币等。

　　去中心化金融可以看作FinTech的细化分类，但FinTech还是在围绕传统金融模式做改良，而去中心化金融相比FinTech，对体制与信任度的所需更少，优势在于可实现国际化资产流动。按照目前的发展来看，在金融领域使用智能合约与区块链技术相结合的应用和服务都可以看作去中心化金融的一部分。

　　（2）去中心化金融的主流分类

　　目前，主流的去中心化金融应用包括支付、衍生品、稳定币、通证化、去中心化交易所等。

　　1）支付。在支付方面，去中心化金融应用可以把整个汇款过程去中介化，用户从自己的钱包直接发送加密数字货币给收款人，不需要第三方金融机构，如闪电网络、钱包imToken。

　　2）衍生品。

　　①借贷：在传统的金融体系中，贷款需要非常复杂的流程，需要像银行提交贷款资料、抵押物等，最后还得等待漫长的批准时间，效率低且不方便。而在去中心化金融贷款模型中，用户和用户之间可以直接形成借贷关系，并且抵押物也是加密数字货币。例如，借贷协议Dharma、MakerDao。

　　②预测市场：任何用户都可以通过应用建立或参加一个预测市场。目前已有的主要功能有政治预测、事件套期保值、天气预报、公司预测等。例如，Augur。

　　3）稳定币。稳定币是一种具有价格稳定特性的资产，因此适用于诸如交易媒介、记账单位和价值存储的功能。例如，Tether发行的稳定币USDT（泰达币），与美元1：1锚定。然而，由于USDT遇到偿付能力的质疑，市场上出现了MakerDAO、GUSD和USDC等稳定币。

　　4）通证化。利用区块链技术对现实世界的商品或服务进行数字化。例如，证券化代币发行（STO）对股票或债券等金融资产的所有权进行数字化。

　　5）去中心化交易所。去中心化交易所允许用户交易加密数字货币。中心化交易所的用户不拥有自己的私钥，所以无法掌控自己的财产，而去中心化交易所允许用户在控制自己的私钥贸易的同时进行数字资产交易，币安去中心化交易所（Binance DEX）。

　　在热门的分类中，去中心化借贷与去中心化交易所在目前的去中心化金融领域处于头部。

　　（3）去中心化借贷

　　去中心化借贷与传统金融借贷有许多相似之处，但也有区别，其中最大的区别是，去中心化借贷以加密数字货币为抵押品与借款，借贷协议以智能合约为主，无须对标具体某个对象或中心信任机构。

以MakerDAO为例（MakerDAO发行稳定币DAI，与美元1：1锚定）。A需要贷款，在MakerDAO平台上无须像传统借贷机构一样审核信用与身份，A只需通过智能合约将以太币抵押给平台，平台将DAI借给A，A可以将DAI兑换成法定货币来使用。平台规定抵押物的价值至少是贷款额的1.5倍，也就是抵押的以太币：DAI为1.5：1。

还款会根据情况出现两种方式。第一种，A按照约定买入DAI还给平台并支付利息，赎回抵押的以太币。第二种，A无法还款或抵押品以太币缩水至低于贷款额的1.5倍，抵押品被冻结，平台强制清算以太币来偿还贷款，以保证平台不会破产。

目前，热门借贷平台有MakerDAO（发行稳定币）、Dharma和dYdX（P2P形式）、Compound（流动池交易）。

MakerDAO以绝对性优势占有2019年6月市场的71%，在2019年5月及6月中，Compound与dYdX呈现爆炸性增长。快速增长部分归功于2019年更新的协议和产品，如Dharma为终端用户提供非常简单的用户体验，dYdX则推出了交易所，Compound也做了很多技术改进，发布了2.0版本Compound v2。

去中心化借贷的优势是节约成本，解决信任问题，能够降低金融风险。传统抵押贷款流程复杂，需要审核信用资质，并且抵押品拍卖较为困难且耗时。去中心化借贷平台利用智能合约，整个过程公开透明。并且当借款出现无法偿还的情况时，平台可以直接售卖加密数字货币，相比于拍卖房子这类实体资产更方便快捷。优势来源于加密数字货币，劣势同样来源于加密数字货币。平台持有的加密数字货币过多，在大规模出币时会直接影响到加密数字货币市场的价格波动。行情下跌严重时，选择借贷的人也会相应减少。此外，由于目前行业不够完善，平台私自动用用户的加密数字货币也未可知。

（4）去中心化交易所

中心化交易所和大家熟知的股票交易所一样，在交易所开户、充值、交易都是依靠第三方来完成的。而去中心化交易所（DEX）作为公有链上的应用，建立在区块链底层开发平台上。这种交易所允许对该区块链上的原生代币进行点对点交易。用户只需将加密钱包连接到去中心化交易所，就可以通过智能合约来进行交易，用户个人钱包对钱包交易，无须第三方或中央权限。

目前的去中心化交易所数量呈现增长的趋势，主流中心化交易所的入局也使去中心化交易所被大众所关注。而目前的去中心化交易所并非都能做到完全的去中心化，链得得App就去中心化交易所的几种机制进行了分类：

1）仅以区块链为载体。这种类型的去中心化交易所不依靠智能合约，而是直接在区块链上构建。目前，币安去中心化交易所（Binance DEX）正朝着这个方向发展。

2）混合模式。完全的去中心化交易所可能会出现抢单等情况，为了减少订单冲突，采用中心化的方式来撮合订单，不仅使交易效率提高，还可以避免订单冲突风险。目前，大多数去中心化交易所都采用这种模式。

3）资金池模式。用户发起交易时，智能合约在资金池中优先匹配合适价格进行撮合。而从去中心化金融的角度来看，目前涉及金融方面的去中心化交易所更多是在Ethereum公有链上。

去中心化交易所主要解决的问题包括资产安全问题和交易审计问题。在加密数字货币市场，交易所可以说是盈利最为稳定的一种形式，而近几年中心化交易所安全事故频发，号称去中心化的加密数字货币却被中心化的交易所所累，谋求去中心化交易形式正成为发展的趋势。

然而，目前的去中心化交易所还存在一些弊端，如用户体验较差、操作略显复杂。而流通性差、成交速度慢也是用户不考虑去中心化交易所的主要因素。

此前，Facebook发布的加密数字货币Libra项目引起了各国的关注，新技术的出现让人们对传统金融形式发起挑战。行业内也将去中心化金融看作未来区块链应用落地的蓝海领域，去中心化借贷等新形式现下仍有许多弊端亟待解决，但人们对于传统金融业的改进仍将继续。

> ⇄ [提示] 关于去中心化金融的详细内容，请参考《【 得得白话 】细说"去中心化金融"系列一：De.Fi概念的缘起和分类》《【 得得白话 】细说"去中心化金融"系列二：解析"去中心化借贷与交易所"》。

72 什么是链改？企业如何通过通证经济改造上链？

链改就是利用区块链技术对企业进行改造，其实也就是常说的企业上链，目的在于降低成本、提升效率、创新商业模式、增强竞争壁垒等。

第一种方法是进行区块链技术的链改。最直观的就是把企业传统账本换成区块链。还记得区块链的本质吧：去中心化的分布式账本。这里的账本不仅包含资金的变动转移，还包含企业生产的商品物流信息、交易信息等。

那进行区块链技术改造有什么好处呢？就拿跨境转账来说，小明要从香港转100欧元到巴黎，那么电汇通常要3~4个工作日到账，遇到节假日还要延后（境外汇款的到账时间跟国家和时区及清算路径有关，还要看中转行数量及节假日时间），当然不同的汇款方式时间也会不一样，而且小明还要交手续费、电讯费，这些费用可能都快赶上他的本金了。

所以总体来说，跨境汇款具有高手续费、耗时长的缺点。而且不仅用户体验感很差，中间涉及的银行也表示很无奈。小明这一转账，中间可能会涉及中国香港银行、中国巴黎分行等一系列银行的账本，还会涉及巴黎方面的银行，各家银行的账本都是独立的，定期两两对账，可能一家银行同一个账单就要对好几遍，而且每一次对账也是要花钱的，如果哪家账本出了问题，可能还要推翻重来，光想想这期间要花费的成本还有时间，真是心疼这些银行。

而上述说的这些问题，就显出区块链技术的优势了。通过设立一个统一的区块链账本，由所有银行一起来记录和维护，当发生交易的时候，自动刷新账本且无法篡改，这样每次交易就只需要进行一次对账，极大地降低了企业成本和信任危机，这也是链改最大的价值所在。

第二种方法就是经济学链改，也就是通证改造。

通证是指流通的加密数字权益证明，英文为Token。传统企业通过发行通证，将权益下放重新分配，激励用户，从而让生产方、消费方、第三方平台都获得收益，达到共赢，改善协作关系，形成自治的通证经济体。

通常企业发行通证会确定一个数额，比如1亿个，然后拿出2/3流通在用户中和企业里面，剩下的当作原矿，等着用户来挖。怎么挖？用户在进行交易的时候，使用了通证让它流通起来，就相当于挖矿的过程，这里的交易范围就很广了，包括产品销售、用户消费、发送广告等，所以也有了那套很火的理论"交易即挖矿"。而这一切都基于区块链技术、智能合约实现的去信任环境，在不知不觉中通过链改将产业链的各个环节都整合起来。

同时发行的通证也隐含了公司的现金收入和股东权利，将员工、股东、客户之间的权益进行再分配，从而改善企业结构，其实就像币改。

需要注意的是，链改并不完全等同于币改，有些领域上链就不需要通证，比如区块链发票等。

73 何为区块链概念股？

所谓区块链概念股，就是有区块链相关业务的上市公司。根据东财Choice显示，截至2019年12月2日，A股区块链概念股共有197只，其中包括工商银行、中国平安、工业富联、中国联通、三六零、顺丰控股等千亿级市值规模以上的公司。

此外，像阿里巴巴、腾讯、百度、京东、迅雷等海外上市公司，同样已经布局了区块链相关业务，也被称为区块链概念股。

2019年10月18日，国家互联网信息办公室（以下简称网信办）发布第二批共309个境内区块链信息服务名称及备案编号。结合2019年3月底公布的首批区块链备案名单，我国境内已备案的区块链企业达到506家，百度、华为、阿里巴巴、京东、腾讯等企业均有入选，其中也不乏多家A股、新三板、港股上市公司，以及海外上市的中概股。其中以A股上市公司居多。

根据链得得App整理，在网信办首批区块链备案名单中，囊括了包括易见股份、安妮股份、中国平安、新华网等在内的27家A股上市公司；在第二批备案名单中，工商银行、美的集团、南方航空等19家A股上市公司悉数上榜。

为此，链得得App根据网信办公布的两批区块链备案名单、上市公司公告和公开报道，筛选出A股、新三板、港股、美股中概股中有实际落地场景的区块链相关概念企业：易见股份、安妮股份、东港股份、海联金汇、先进数通、晨鑫科技、中国平安、国盛金控、国泰君安、润和软件、新华网、恒生电子、浙大网新、信雅达、顺利办、创业黑马、农产品、顺丰控股、全志科技、四方精创、飞天诚信、浪潮信息、浪潮软件、山大华特、青岛海尔、首旅酒店、华大基因、众安在线、浙商银行、腾讯控股、爱奇艺、京东、百度、阿里巴巴、卓尔智联、信息发展、远光软件、平安银行、工商银行、新晨科技、苏宁易购、迅雷、航天信息、东方财富、汉得信息、江苏银行、恒生电子、南威软件、南方航空、广电运通、美的集团等。

[提示] 关于区块链概念股的详细内容见附录G。

74 初创公司在区块链行业中如何找到方向和定位？这只是大厂（公司）的游戏吗？

区块链是一种全新的分布式账本系统，这也就意味着大公司如果把他们已经成熟完备的业务或应用迁移到一套全新的区块链底层平台上，成本是非常大的。所以，从这个方面来讲，如果一家区块链初创公司有明确的业务定位和商业模式，那么他们应用区块链技术的成本会很低。

而从技术的角度来讲，区块链同样是一门全新的学科，这里面涉及智能合约、非对称加密、分布式存储、零知识证明等全新的理论知识。从这点上来看，大厂和初创企业都在同一条水平线上，大家都是一个探索和尝试的状态。对于大厂来说，他们有资本和资源优势，但是对于初创公司来说，他们应该在某一专业领域有所建树，这样才能够在商业竞争中突围。

 区块链产品有哪些应用场景？

（1）银行业

　　银行是一个安全的存储仓库和价值的交换中心，而区块链作为一种数字化的、安全的及防篡改的总账账簿可以达到相同的功效。

（2）交易和跨境支付

区块链可能绕开笨重的转账系统，创建一个更直接的支付流，它可在国内或跨国界，并且无须中介，以超低费率几乎瞬时的方式支付。

（3）供应链金融

基于区块链的供应链金融和贸易金融是基于分布式网络改造现有的大规模协作流程的典型。区块链可以缓解信息不对称的问题，十分适合供应链金融的发展。

（4）物联网

区块链可以成为大量设备的一种公共账簿，它们将不再需要有一个中央化的路由在它们之间居中交通。在没有了中央控制系统来验证之后，设备将能够在它们之间互相匿名传输，并管理软件的更新、错误，或者进行能源管理。

（5）医疗

区块链技术可以让医院、患者和医疗利益链上的各方在区块链网络里共享数据，而不必担忧数据的安全性和完整性。

（6）政务

政务信息、项目招标信息等公开透明，政府工作通常受公众关注和监督，由于区块链技术能够保证信息的透明性和不可更改性，对政府透明化管理的落实起很大作用。

（7）供应链管理

区块链技术最具普遍应用的就是它可使交易更加安全，监管更加透明。简单来说，供应链就是一系列交易节点，它连接着产品从供应端到销售端或终端的全过程。从生产到销售，产品历经了供应链的多个环节，有了区块链技术，交易就会被永久性、去中心化地记录，这降低了时间延误、成本和人工错误。

（8）云服务

目前提供云存储的公司大都将客户数据放在中心化的数据库

中，这提高了黑客盗取信息的危害性。区块链云存储方案允许去中心化的存储。

（9）大数据

区块链以其可信任性、安全性和不可篡改性让更多数据被解放出来。基于全网共识为基础的数据可信的区块链数据，是不可篡改的、全历史的，使数据的质量获得前所未有的强信任背书，也使数据库的发展进入一个新时代。

76 区块链行业人才市场情况怎么样？

从2019年第三季度区块链行业招聘需求的城市分布来看，区块链行业人才需求主要集中于一线和新一线城市，与人才求职城市分布对应，并且人才供给明显更集中在一线城市。目前，一线城市区块链行业存量人才占比61.96%，其次是新一线城市占比26.01%，一线城市人才储备充足。

2019年第三季度，区块链行业招聘需求城市分布中，深圳、上海、北京位于第一梯队，招聘人数占比分别达到21.07%、16.07%、13.9%，广州和成都紧随其后，分别占比5.79%、5.34%。

从薪酬来看，区块链领域平均招聘薪酬达到16317元，是全国平均招聘薪酬的近两倍。这或许也是其人才吸引力如此之大的关键原因。但从变化趋势看，与全行业平均薪酬的持续增长不同，区块链领域的招聘薪酬近两年持续在16000元/月上下波动。

根据智联招聘提供的数据，区块链行业招聘人数前十的职位中，热门岗位软件工程师平均招聘薪酬为16008元/月，销售代表平均招聘薪酬为10094元/月，高级软件工程师平均招聘薪酬为23606

元/月。其中，合伙人平均招聘薪酬最高，为75975元/月，位居薪酬榜首。除此之外，其他高薪岗位多为高级专业技术岗。

77 全国各地区块链市场规模如何？

2019年上半年，香港的区块链项目融资金额远超内地其他城市，占到了约41%的比重，同时也是唯一一个融资金额超过10亿元的城市。

杭州的融资金额超过北京、上海、广州、深圳四大城市，达到7亿元，占到全国前十总量的28%；北京位列第三，虽然在融资事件数量上有优势，但是具体的融资数额不及香港和杭州，约占全国区块链融资总额的18%；广州紧随其后，融资额超过2亿元，约占全国区块链项目前十融资总额的8%。

在融资数量方面，北京独占鳌头，有36起，是国内发生区块链融资事件最多的城市，占据了全国（包括香港、澳门、台湾）前十榜单中融资数量总数的50%左右。上海、深圳、香港和杭州紧随其后，分别发生了9起、6起、6起、4起融资事件。

从地理位置分布来看，除北京外，由于区块链相关企业注册地点大多在沿海省份，与区块链相关的融资事件也多在沿海地区。其中，浙江是国内区块链融资事件涉及城市最多的省份。

据统计，截至2019年5月，全国共有22个区块链产业园区。从地理区域划分来看，全国区块链产业园区主要集中在华东、华南等地区，其中浙江和广东各有4家区块链产业园区，并列全国区块链产业园区数量首位。而从城市分布来看，杭州、广州、上海最多，三大城市区块链产业园数量占比全国50%以上。

投资机构对于区块链有什么最新看法?

近年来,我国区块链行业的快速发展逐渐获得投资机构关注,我国区块链行业投资年增速已连续多年超过100%。专注于区块链行业的投资机构正在飞速成长,在区块链产业积极布局,构建自己的版图,而持开放态度的传统投资机构也在跑步入局。

从投资项目分类来看,投资机构普遍看好区块链平台类的公司。

从投资标的地域来看,投资机构更多地投资于海外项目。

从国内项目角度来看,北京地区项目占比最高。

从投资轮次来看,大部分投资发生在天使轮及A轮,反映行业仍处于早期阶段。

 区块链可以给社会带来什么变化?

此前大家看到的新闻"怎么证明我是我"这一问题,便是可以用区块链就能解决的问题。通过区块链的去中心化特质,让信用制度,不再由集权化,中心化的机构制定,而是通过全民认可的区块链技术完成,创造一个真正的公平的社会。

现在人们越来越意识到隐私的重要性,通过区块链技术,可以做到让个人的数据不会泄露出去。例如,个人医疗的历史数据,未来看病或对自己的健康做规划就有数据可供使用,而这个数据真正的掌握者是患者自己,而不是医院或某个第三方机构。

在交易与货币流通上,采用区块链技术的加密数字货币可以进行点对点交易，而不再需要如支付宝等第三方机构，通过银行机构产生的手续费也就不存在了。

80 目前区块链市场环境的概况和未来发展如何？

我国区块链产业目前处于高速发展阶段，创业者和资本不断涌入，企业数量快速增加。区块链应用加快落地，助推传统产业高质量发展，加快产业转型升级。利用区块链技术为实体经济"降成本""提效率"，助推传统产业规范发展。

此外，区块链技术正在衍生为新业态，成为经济发展的新动能。区块链技术正在推动新一轮的商业模式变革，成为打造诚信社会体系的重要支撑。与此同时，各地政府积极从产业高度定位区块链技术，政策体系和监管框架逐步发展完善。

81 为什么国家要重推区块链技术？

中央政治局第十八次集体学习讲话（以下简称中央政治局讲话）时指出：①区块链是全球性争夺技术；②区块链对整个技术和产业领域都会发挥重要作用；③我国有很好的基础，区块链技术未来会全面融入经济社会。

第一，科技导向。目前，全球主要国家都在加快布局区块链技术发展。在区块链技术发展上，中国正在抢占跑道。在中美贸易摩擦的大背景下，中国企业越来越强调对最核心的硬技术的掌控，从政府政策引导来看，也更加鼓励企业进行区块链核心技术

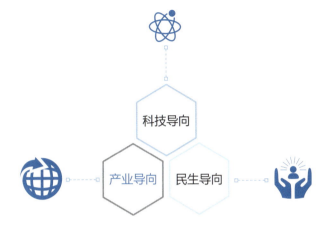

的自主创新。中央政治局讲话中"最前沿""制高点""新优势"三个词无疑说明中国在区块链竞争领域的目标确定而唯一，就是争夺第一。

　　第二，产业导向。此次中央政治局讲话指明了区块链技术要服务实体经济。总共1000字的讲话中，提到了5次融合。区块链技术的关键在于融合。区块链技术一定要解决某一领域的具体问题，这就要求区块链技术能深入到具体场景中。区块链技术在产业应用中也不是一个点的应用，更多的是融合的应用，即打通创新链、应用链、价值链。

　　第三，民生导向。区块链技术不可篡改、多方参与的特性是提升社会治理的重要工具。区块链在民生与公共服务领域有天然的优势，未来在教育、就业、养老、精准扶贫、医疗健康、商品防伪、食品安全、公益和社会救助等方面的应用价值会逐步显现出来。

82 **区块链中有哪些行话？这些行话都是什么意思？**

币圈：指的是专注于炒币，甚至发行自己的加密数字货币进行筹资的人群。一般来讲，区块链项目方、交易所、一些区块链媒体，他们都属于币圈。

链圈：指的是专注于区块链的研发、应用或区块链底层协议的人群。没有链圈的技术支撑，币圈也不可能存在，未来区块链场景的落地，还要依靠链圈的技术作为支撑。

矿圈：指的是专注于"挖矿"的"矿工"人群。

炒币：指的是为了获取高额的收益，而反复通过交易平台买卖加密数字货币的行为。

梭哈：是英文Show Hand的音译，原本是赌博游戏中的名词，是指将手中全部的可用筹码一次性押出的行为。引申到区块链投资，是指为了炒币，把自己所有的可用资产来投资加密数字货币，有一种"押上身家赌一把"的含义。

佛系持币：指的是持币后不关心加密数字货币价格走势，无论加密数字货币资产价格跌到什么程度，都不会减持手中的加密数字货币的行为。

庄家：是指拥有雄厚的资金体量、强大的关系网和最灵通消息的投资者。庄家能够在较大程度上影响或决定某个币种的价格走势。

大户：是指拥有雄厚资金的投资者，但没有庄家那么强大的资金量和关系网。

散户：是指资金量小、买卖数量不大、无组织的投资者。

韭菜：是一个形象的比喻，韭菜的生长能力和适应能力都很强，可以一茬儿接着一茬儿大范围繁殖。此处比喻一些不了解市场情况的散户投资者，他们大多容易受到投资情绪左右，高位买入、低价卖出，有人亏损离场后又会有新生力量进入，就像韭菜一样割一茬儿很快又长一茬儿。

割韭菜：是指庄家低位买入，炒高币价，等散户进来后高价卖出获利，再砸盘砸到低位，这样一来散户就会蒙受损失，而庄家就会获利。庄家和大户不断重复着这样的套路，就是"割韭菜"行为，而散户源源不断入场，庄家便重复着"割韭菜"的套路。

空投糖果：是指区块链项目起步时候，为了推广项目而免费向用户发放一定数量的加密数字货币的行为。而这些免费的加密数字货币就被用户们称为"糖果"。

私募/首次代币发行：一种融资行为。首次代币发行源自股票市场的首次公开发行（IPO）概念，是区块链项目首次发行代币，募集比特币、以太币等通用加密数字货币的行为。

交易对：EOS/ETH，这样的显示为交易对，指购买一个EOS需要支付多少个ETH，类似于"克/元"的概念。

钱包：一般指区块链钱包，新人还不了解的情况下不建议使用。

白皮书：就是项目介绍的官方专业版。

KYC：身份验证，一般需要提供身份证件或护照。

牛市：是指市场行情呈现普涨，很长一段时间的大升势。在币圈主要是比特币的上涨带领其他各主流币、山寨币的上涨。牛市阶段，基本人人赚钱，因为牛市只需要"博傻"就行。如果你在牛市赚不到钱，那只能说你点背到了极点。

熊市：刚好与牛市相反，是指市场行情持续走低，市场情绪表现低迷，市场呈现普跌的现象。在这个阶段，最重要的是活下来。

然后就是进一步行动，囤币、抄底之类的操作。

搬砖：是指看准平台之间的差价，跨平台来赚取其中的差价。搬砖需要注意的就是转币速度，有时候会因为转币速度问题而影响收益。

场外交易：很多平台也叫法币交易。就拿火币来说，平台无法充值人民币，很不方便。但是平台提供法币交易，就很方便了。平台做担保，商家或个人可以直接用人民币交易，购买或出售自己手里的主流币或泰达币（USDT）。

割肉：好听点叫"斩仓"。这是部分人经常干的一件事，跌了也卖，害怕跌得更厉害。

做多：大部分人每天做的就是做多，低买且指望高卖。一般指看涨。

做空：做期货合约的人会玩的操作。你看跌后市，买跌就是做空。

法币：法定货币，由国家和政府发行的，只有政府信用来做担保，如美元等。

Token：通常翻译成通证。通证是区块链中的重要概念之一，它更广为人知的名字是"代币"，但在专业的"链圈"人看来，它更准确的翻译是"通证"，代表的是区块链上的一种权益证明，而非货币。

对冲：是指同时进行两笔行情相关、方向相反、数量相当、盈亏相抵的交易。在期货合约市场，买入相同数量方向不同的头寸，当方向确定后，平仓掉反方向头寸，保留正方向头寸获取盈利。

区块链对普通人的实际生活有什么作用或影响？

跨境支付：减少用户重复提交证明材料，提升效率等。

知识产权：数字确权、认证、溯源、身份验证。

社会公益：公益透明化、公共治理、提升政府工作效率。

食品安全：食品溯源、食品认证。

医疗：病历管理、隐私保护、数据共享、简化就诊流程、药品溯源、处方管理等。

能源：电力交易、碳排放、加油站。

教育：学历信息存储、学生信用体系建立。

 日常生活中是否可以用比特币等加密数字货币来购买商品？

比萨：第一个用比特币买比萨的人叫拉斯洛·汉耶兹（Laszlo Hanyecz），他曾用1万个比特币买了2个比萨。

太空票：理查德·布兰森（Richard Branson）的维珍银河可以使用比特币进行太空旅行。

豪华度假村：特朗普国际酒店接受比特币用于购买公寓。

学费：2013年，塞浦路斯大学宣布成为世界上第一个接受比特币的大学。2014年，英国坎布里亚大学在英国范围内首次接受比特币学费。2016年，德国私立商业大学柏林ESMT宣布，将在收取包括学费在内的各种费用时增加"比特币支付"选项。

豪车：日本加密数字货币交易所bitFlyer和几家豪华汽车销售商合作，为高端汽车提供比特币支付。

艺术品许可证：Ato Gallery以惊人的150个比特币出售了一件估值不超过10万美元的艺术品。

电子产品：微软、Newegg和Overstock.com接受加密货币支付。笔记本式计算机和智能手机等电子产品是用比特币付款的首批产品。

整形手术：在美国佛罗里达州迈阿密市的Vanity整形医院，做腹部抽脂、隆胸等整形手术，都可以用比特币支付。

政策篇

国内大力发展区块链的背景下，政府对加密数字货币市场的态度是否会有转变？

加密数字货币的快速崛起，众多私人和机构投资者的参与，以及巨大的价格波动，促使各国监管者越来越重视这个行业。然而不得不强调一个经常被忽略的事实——加密数字货币行业还非常年轻，只有11年的历史，真正引起监管层的注意也只有近3年时间，加上加密数字货币本身的定义充满争议，因此对加密数字货币的监管还处在雏形阶段，不仅各国区别很大，而且一直处于快速的动态变化中。

 未来企业可否自主发币融资？

2017年9月4日，我国下发了《关于防范代币发行融资风险的公告》，其中明确指出所有利用加密数字货币融资的行为都属于非法集资。

代币发行融资是指融资主体通过代币的违规发售、流通，向投资者筹集比特币、以太币等所谓的"虚拟货币"，本质上是一种未经批准非法公开融资的行为，涉嫌非法发售代币票券、非法发行证券及非法集资、金融诈骗、传销等违法犯罪活动。因此，企业发币融资之路在中国目前暂时并不可行。但是，随着政策的完善和明确，未来不排除会进一步放开，为实体经济服务，解决中小企业融资难问题。

目前，我国香港已经开始进行部分证券化实践，2019年3月28日，香港证券及期货事务监察委员会（以下简称香港证监会）官网发布有关证券型代币发行的声明，旨在提醒从事证券型代币发行的公司或个人有关适用的法例及监管规定，并再次提醒投资者注意与虚拟资产（包括证券化代币发行关涉的代币，即证券型代币）有关的风险。

香港证监会指出，如推广及分销属于证券的证券型代币，中介人必须遵循法律及监管规定，只能发售给专业投资者，应进行尽职调查，必须以清晰且易懂的方式向客户提供相关证券化代币发行的资料。中介人在从事任何有关证券化代币发行活动以前必须先与香港证监会讨论其计划，而且必须落实足够的系统与监控措施，确保在进行分销证券化代币发行活动前符合相关规定，否则持牌资格可能受到影响，并可能导致香港证监会采取执法行动。

 ## 87. 当前全球对区块链和加密数字货币的态度如何?

整体而言，监管升级和规范化是大势所趋。近些年全球各个国家和地区对区块链和加密数字货币的监管政策有以下几个特点：①监管趋严，全球加密数字货币监管逐步规范化；②监管分化，亚洲国家较欧美国家对待加密数字货币更为谨慎；③放宽监管，小众国家多进行合法化尝试。

根据对加密数字货币的合法性及监管程度，可将全球各个国家和地区对加密数字货币的监管分为五类。

1）明确交易合法，并设立法律规范交易。当地政府明确加密数字货币交易合法，同时或多或少建立相关法律对其进行规范。

2）明确交易非法，严格控制加密数字货币交易。当地政府严格控制加密数字货币交易，明文规定交易违法，甚至提供和使用加密数字货币将构成犯罪。

　　3）对交易进行部分限制。当地政府对涉及加密数字货币的一部分交易存在限制，不允许国内出现首次代币发行（ICO）或加密数字货币交易，但并不限制私人持有加密数字货币。

　　4）未公开合法化，保持中立。当地政府并未对加密数字货币交易进行明确表态，既不限制交易，也未公开合法化。

　　5）尚未置评。当地政府目前尚未表态或无信息考证。

　　近期监管进展中，香港证监会于2019年11月6日发布《立场书：监管虚拟资产交易平台》（以下简称《立场书》）及《有关虚拟资产期货合约的警告》（以下简称《警告》）。

　　《立场书》明确了证监会对虚拟资产交易平台的监管方针、监管框架和未来预期，对虚拟资产交易平台实行了牌照准入制度，并在资产托管、身份验证（KYC）、反洗钱（AML）、审计、风控等方面进行了规定。

　　《警告》则表明销售虚拟资产期货合约的平台有可能违反香港法例，而由于此类期货合约附带极大风险，投资者在投资时应保持警觉。

　　香港证监会称，虚拟资产期货合约下的虚拟资产价格极端波动，相关虚拟资产难以估值；其高度杠杆化的性质令投资者的风险倍增；这些产品的复杂性和固有风险可能令投资者难以理解，而且不时有报道指出，销售或买卖这类合约的平台涉及操纵市场和违规活动；这些资产交易平台的交易规则可能不清晰、不公平。其他地区的部分监管机构一直在积极审视这类平台，并考虑采取介入行动，如完全禁止向散户投资者销售这类期货合约。

　　另一方面，由于加密数字货币价格巨幅波动，日本金融厅开始升级监管。2019年9月30日，日本金融厅官网公布《面向金融商品交易业者监督管理方针》。该方针表示，因为数字资产的投机成分等原因，金融厅将会对包含数字资产的金融商品组合、交易等谨慎对待。同年10月18日，日本内阁决议发布《政治资金管理法》，这又间接地将加密数字货币排除在"金钱及有价证券"范围外。

而根据日本经济新闻2019年11月5日的报道，日本金融厅将制定新的条例，2019年内禁止成立与交易以暗号资产为投资对象的投资信托。虽然在法律上，尚未有明文规定，但是本次发布的监管指南无一不透露着封杀加密数字货币的味道。日本经济新闻甚至表示，这次监管指南可以被认为"具有实际意义上的强制性"。

> ⟲ [提示] 链得得长期追踪全球各地区关于加密数字货币监管的
> 政策并做出对应的专业解读，目前已发表一系列文章，请参考
> 《称"数字货币"为资产，G20成员国监管政策全梳理 | 链得得
> 独家》《【链得得深度】"九四"一周年：全面复盘全球数字货币
> 监管政策与市场趋势》《【链得得独家】2018—2019年全球加密
> 货币市场年报 | 第三章　224个国家和地区监管政策汇总与研究》
> 《解读香港"监管交易所立场书"：虚拟资产领域迫切需要全面
> 立法 | 链得得独家》《【链得得独家】律师解读《立场书》：无
> 证开展期货合约，或被追究刑事责任》日本金融厅：禁止交易
> 以虚拟货币为对象的投资信托》《【链得得独家】政策技术双瓶
> 颈：日本币圈凉凉，链圈还有救吗?》。

88 当前全球对Libra的看法是什么？

中国：较为关注，继续推进中国央行数字货币研究。

美国（美联储）：谨慎关注。迄今为止美联储、美国国会已累计三次召集Libra相关负责人出席听证会，由于Libra声称在获得美国各方监管批准前不会在世界各国家和地区发行，目前美国监管部门

对Libra持谨慎态度。

欧盟：反对居多。德国与法国财政部长联合申明反对Facebook计划发行的加密数字货币Libra在欧洲推行。其指出，货币权力属于国家主权，不应由私人实体掌握。同时由于欧盟地区对个人隐私保护的规定较为严格，目前来看Libra在欧洲推行较难。

89 当前各国对央行数字货币的看法是什么？

2019年8月10日，中国人民银行支付结算司副司长穆长春在第三届中国金融四十人伊春论坛上表示，央行数字货币即将推出，将采用双层运营体系。

清华大学金融科技研究院区块链研究中心的报告显示，在统计的25家央行中，计划推出CBDC的央行有7家，探索中的有9家，已发行的有6家，暂不考虑的有3家。目前来看，发达国家多是出于避免私人支付公司垄断考虑发行，发展中国家多是因为金融普惠、突破制裁等。

90 当前我国中央人民政府及各地方政府都已出台了哪些区块链相关政策？

中央：2019年10月24日，中共中央政治局第十八次集体学习强调区块链技术的集成应用在新的技术革新和产业变革中起着重要的作用。我们要把区块链作为核心技术自主创新的重要突破口，加快推动区块链技术和产业创新发展。

北京：2018年12月，北京市西城区发布《关于支持北京金融科技与专业服务创新示范区（西城区域）建设若干措施》，要大力扶持金融科技应用示范，倡导安全、绿色、普惠金融服务，对人工智能、区块链、量化投资、智能金融等前沿技术创新最高给予1000万元资金奖励，切实助力产业和经济发展，助力城市智慧运行。

上海：2019年9月6日，上海市发布《2019上海区块链技术与应用白皮书》，从企业、技术、应用、人才培养等多个维度详细分析和解读了国内外、特别是上海地区区块链产业的发展现状，在行业中十分具有指导意义和影响力。

深圳：2019年8月18日，中共中央、国务院发布《关于支持深圳建设中国特色社会主义先行示范区的意见》。意见指出，支持在深圳开展加密数字货币研究与移动支付等创新应用。

杭州：2019年6月20日，浙江省数字经济发展领导小组办公室、省经信厅、省大数据发展管理局联合印发了《浙江省"城市大脑"建设应用行动方案》。方案指出，要推进"城市大脑"产业生态圈发展，带动面向人工智能的操作系统、数据库、中间件、开发工具等基础软件，以及关键芯片、器件、模组、智能终端等硬件发展，加快培育网络安全、区块链、数字创意等新业态。

2019年10月29日，经中国人民银行同意，由中国互联网金融协会和世界银行共同支持建设的全球数字金融中心在杭州正式成立。

河北（雄安）：2019年11月1日，河北省省长许勤主持召开省政府常务会议。会议指出，要强化规划和政策引领，把区块链纳入河北省数字经济"十四五"发展规划，加快制订专项行动计划。

2019年10月10日，《中国（河北）自由贸易试验区管理办法》在省政府第65次常务会议中通过。其中第三十三条，支持雄安片区数据资产交易。推进公共数据利用改革试点，建立大数据资产评估定价、交易规则、标准合约等政策体系，依托现有交易场所开展数据资产交易，推进基于区块链、电子身份（eID）确权认证等技术的大数据可信交易，支持开展数据资产管理、安全保障、数据交易、结算、交付和融资等业务。

贵阳：2017年5月，贵阳高新区推出《贵阳国家高新区促进区块链技术创新及应用示范十条政策措施（试行）》，在入驻、运营、成果奖励、人才、培训、融资、风险、上市等十个方面提供政策支持。

2017年6月7日，贵阳市发布《关于支持区块链发展和应用的若干政策措施（试行）》，加速推进区块链发展和应用，促进区块链各类要素资源集聚。

长沙：2018年6月22日，长沙经济技术开发区管委会下发红头文件《长沙经济技术开发区关于支持区块链产业发展的政策（试行）》，设立总额30亿元的区块链产业基金，投资区块链企业。区块链企业自落户之日起，3年内给予最高200万元的扶持资金。

云南：2019年4月15日，云南省政府网站公布的《云南省实施"补短板、增动力"省级重点前期项目行动计划（2019—2023年）》提出推动数字产业化。重点以区块链技术应用为突破口，引进一批区块链创新企业，率先在跨境贸易、数字医疗、数字小镇实现区块链示范应用场景落地。

山东：2019年7月19日，山东省印发《山东省支持数字经济发展的意见》，其中提出到2022年，重要领域数字化转型率先完成，数字经济规模占全省地区生产总值比重年均提高2个百分点。山东省提出，要将数字产业打造成支柱产业，做大做强大数据、云计算、物联网等核心引领产业，超前布局人工智能、虚拟现实、区块链等前沿新兴产业，巩固发展集成电路、基础电子等关键基础产业，全面提升高性能计算机、高端软件、智能家居等特色优势产业。

福建：2019年3月20日，福建省政府办公厅印发《2019年数字福建工作要点》，提出在数字经济方面，福建省积极创建国家数字经济（福厦泉）示范区，加快建设福州软件园县（市、区）分园，推动数字福建（长乐）产业园、马尾物联网基地产业集聚；同时支持福州创建区块链经济综合试验区。

 ## 91 2019年香港开始发放虚拟银行牌照，目前已有几家公司获得牌照？

香港金融管理局（以下简称香港金管局）至今分三批共发放8张虚拟银行牌照，但部分虚拟银行正式投入市场运作的时间未定。2019年11月6日，香港金管局总裁余伟文表示，部分虚拟银行的目标是于2019年年底至2020年年初推出市场，但个别虚拟银行在推出之初，或只供特定客户群在"沙盒"环境试用一段时间，然后再做修改或优化，待准备妥当才正式推出给公众使用。

2019年3月27日，香港金管局副总裁阮国恒公布了首批虚拟银行牌照名单，三家获牌机构分别为：①Livi VB Limited：中银香港（控股）、京东数科及怡和集团成立的合资公司；②SC Digital Solutions Limited：渣打银行（香港）有限公司、电讯盈科有限公司、香港电讯信托与香港电讯有限公司及携程金融管理（香港）有限公司成立的合资公司；③众安虚拟金融：由众安在线及百仕达集团合资成立。

2019年4月10日，金融科技集团（WeLab Holdings）在其官网上宣布旗下全资子公司WeLab Digital Limited获得虚拟银行牌照，这是香港金管局第二次颁发虚拟银行牌照。

2019年5月9日，金融管理专员已经根据《银行业条例》向四家机构发放牌照以经营虚拟银行，分别为：①蚂蚁商家服务（香港）有限公司；②贻丰有限公司；③洞见金融科技有限公司；④平安壹账通有限公司。公开资料显示，蚂蚁商家服务（香港）有限公司是阿里巴巴旗下蚂蚁金服的全资子公司。贻丰有限公司为腾讯控股有限公司、中国工商银行（亚洲）有限公司、香港交易及结算所有限公司、高瓴资本集团和香港商人郑志刚（通过其投资主体Perfect Ridge Limited）投资的合资公司。洞见金融科技有限公司由小米集团与尚乘集团共同出资设立，小米集团占比90%，尚乘集团占比10%。平安壹账通有限公司为中国平安集团旗下金融壹账通的全资子公司。

自2019年3月底启动发放虚拟银行牌照以来，香港的持牌银行数增加到160家。

92 未来中国将如何推进区块链行业发展?

中共中央总书记习近平在中共中央政治局第十八次集体学习时强调：我国在区块链领域拥有良好基础，要加快推动区块链技术和产业创新发展，积极推进区块链和经济社会融合发展。

1）要强化基础研究，提升原始创新能力，努力让我国在区块链这个新兴领域走在理论最前沿、占据创新制高点、取得产业新优势。

2）要推动协同攻关，加快推进核心技术突破，为区块链应用发展提供安全可控的技术支撑。要加强区块链标准化研究，提升国际话语权和规则制定权。

3）要加快产业发展，发挥好市场优势，进一步打通创新链、应用链、价值链。

4）要构建区块链产业生态，加快区块链和人工智能、大数据、物联网等前沿信息技术的深度融合，推动集成创新和融合应用。

5）要加强人才队伍建设，建立完善人才培养体系，打造多种形式的高层次人才培养平台，培育一批领军人物和高水平创新团队。

93 **有序发展区块链，中国需要做些什么？**

1）加强对区块链技术的引导和规范。

2）加强对区块链安全风险的研究和分析，密切跟踪发展动态，积极探索发展规律。

3）要探索建立适应区块链技术机制的安全保障体系，引导和推动区块链开发者、平台运营者加强行业自律。

4）落实安全责任。要把依法治网落实到区块链管理中。

 94 **中国大力发展区块链对相关管理部门有什么要求？**

相关部门及其负责领导同志要注意区块链技术发展现状和趋势，提高运用和管理区块链技术能力，使区块链技术在建设网络强国、发展数字经济、助力经济社会发展等方面发挥更大作用。

风险篇

95 区块链的弊端有哪些？

（1）性能问题

区块链技术的理念之一是分布式的共享账本，但假设近万个节点都要共享数据的时候，速度就会慢下来，效率不高。目前，比特币的成交至少要等10分钟，有时候要等1个小时以上。

（2）隐私保护问题

比特币的整个账本是公开的，但有些人或机构不愿意自己的资金交易被全网看到，尤其是大额交易。

（3）安全性问题

基于工作量证明（PoW）机制的区块链存在51%攻击问题，即掌握了全网超过51%的算力便可以篡改和伪造区块链的数据。此外，智能合约还处于初级阶段，一旦有漏洞就会被攻击出现重大风险。

（4）互操作性问题

互联网以通用的TCP/IP协议作为基础来实现互联互通，而区块链作为新一代价值互联网并没有通用的协议，目前都还是社区自组织模式，跨链操作没有统一的规范，在很大程度上限制了应用创新。

🔁 [提示] 链得得曾发布多篇文章进行区块链安全性分析，请参考《【得得白话】51%算力实施的"双花攻击"，会如何毁掉区块链信任原则？》《【大文观链】ETC遭遇的51%攻击是什么？有多严重？》。

 加密数字货币有被盗的风险吗？

首先，仅2019年上半年，全球出现了至少10起加密数字货币交易所被盗事件，与此同时，数字资产诈骗事件也频频发生。据统计，全球共发生区块链被黑事件234起，被盗或被诈骗的加密数字货币总额或已超过了8493586003.78美元。

那么为什么加密数字货币容易成为黑客攻击的目标呢？首先，加密数字货币没有实体形式，只存在于网络上。尽管区块链技术采用的非对称加密算法看起来牢不可破，但随着技术的发展，一旦黑客掌握了更高超的技术，便能轻松攻破网络，盗走加密数字货币。此外，有些平台甚至在建立之初就存在着基本的编码错误，这更是为黑客的入侵敞开了大门。

其次，加密数字货币拥有极高的市值，引起了人们的疯狂投资。据加密数字货币价格统计平台CoinMarketCap数据显示，截至2020年1月5日，全球加密市场总市值达到1995亿美元，其中仅比特币的总市值就达到了约1345亿美元，占总市值的67.72%。因此，储存有大量加密数字货币的交易所或私人钱包极易成为黑客攻击的对象。

最后，由于区块链的匿名性，一旦加密数字货币丢失，用户很难查出盗窃者是谁。另外，由于加密数字货币领域缺乏相应的监管，许多国家甚至禁止加密数字货币。因此，一旦加密数字货币被盗，用户很难通过法律途径维护自己的权益，这一点更让黑客肆无忌惮。

　　黑客又是通过什么途径盗取加密数字货币的呢？一般情况下，用户必须通过账号和私钥才能登录账户，而黑客也是瞄准了这一点。其惯用手法：一是通过交易平台漏洞、恶意链接或邮件等盗取用户私钥；二是通过某种途径直接访问用户私钥；三是在用户计算机中植入病毒或木马盗取加密数字货币；四是在各大社交媒体网站发布"免费送币"项目，前提是用户需首先向其提供的账户转过去部分加密数字货币；五是某些中心化交易所人员监守自盗。

　　由于交易所的钱包中存储有用户大量的数字资产，因此交易所失窃事件屡屡发生，下面简单汇总一下历史上比较著名的几次交易所或用户加密数字货币失窃事件。

　　（1）Allinvain失窃事件

　　2011年6月，一个名叫Allinvain的用户在论坛表示，自己一觉醒来发现，钱包中的25000个比特币被盗。按照当时的市值估计，这些比特币的总价值在50万美元左右。这是有媒体报道的首次大规模加密数字货币被盗事件，并且这笔钱至今仍旧下落不明。

　　（2）Bitcoinica交易所两次被盗

　　2012年3月和5月，由于平台安全系统松懈，老牌交易所Bitcoinica连续两次遭到黑客攻击，共计损失61000个比特币，最终宣告破产。

　　（3）Bitfloor事件

　　2012年9月，与Bitcoinica交易所被盗原因类似，黑客入侵了Bitfloor交易所的服务器，并盗走24000个比特币。此次攻击事件使得Bitfloor交易所一蹶不振，并于2013年4月倒闭。

（4）Mt.Gox事件

Mt.Gox是当时规模最大的交易所，却也遭到了历史上最严重的攻击。

2014年2月7日，Mt.Gox交易所突然宣布紧急暂停所有交易，因为平台的安全软件存在漏洞。在损失了共85万个比特币（当时总价值为4.7亿美元）之后，Mt.Gox无奈于两周后申请破产。

（5）Poloniex事件

2014年3月，刚成立2个月的交易所Poloniex就发生了加密数字货币被盗事件。一名黑客利用该交易所平台存在的漏洞成功盗取了其加密数字货币总储备的12.3%。

事发后，Poloniex暂时把每个账户的余额都扣除12.3%，后续再全部恢复。此次事件并未对Poloniex造成致命打击，该交易所于2018年被有"美国支付宝"之称的支付金融公司Circle收购。

（6）Bitstamp事件

2015年1月，黑客攻击了Bitstamp交易所的热钱包，并盗走19000个比特币。随后，该交易所将剩余98%的比特币迅速转移至冷钱包中，避免了进一步的损失。

（7）Bitfinex事件

2016年8月，黑客利用Bitfinex交易所钱包体系中的漏洞成功盗走了120000个比特币。

（8）Coincheck事件

2018年1月26日，日本领先的交易所Coincheck遭到黑客攻击，并被盗走价值6亿美元的新经币（XEM）。

（9）Upbit事件

2019年11月17日，韩国最大加密数字货币交易所之一的UPbit遭到黑客攻击，其热钱包中34.2万个以太币（ETH，价值约580亿韩元）被转入一个不知身份来源的钱包。按照当天的市价估算，UPbit

失窃的以太币市值超过5230万美元。

UPbit称，在确认被黑客盗走以太币后，已将所有热钱包内的加密数字货币转移到冷钱包中。为了保证用户的资产不蒙受损失，UPbit将用自己的资产弥补上述失窃的34.2万个以太币缺口。UPbit预计，至少需要两周时间追回失窃的资金。但截至2020年1月26日，其失窃资金并未追回，被盗的34.2万个以太币已有超过2/3完成洗钱。

 加密交易所如果被盗，用户要如何用法律追回损失？

根据现行法规政策，通过发行加密数字货币进行融资等行为在我国被视为扰乱金融秩序，是不被法律保护的交易行为。而交易所的加密数字货币也不被视为合法财产，因此一旦交易所被盗，用户很难用法律手段追回损失。

（1）加密数字货币相关法规

2017年9月4日，证监会官网发布《中国人民银行、中央网信办、工业和信息化部、工商总局、银监会、证监会、保监会关于防范代币发行融资风险的公告》（简称"94禁令"），其中明确规定："任何组织和个人不得非法从事代币发行融资活动""任何所谓的代币融资交易平台不得从事法定货币与代币、'虚拟货币'相互之间的兑换业务，不得买卖或作为中央对手方买卖代币或'虚拟货币'，不得为代币或'虚拟货币'提供定价、信息中介等服务。"

2019年11月14日，北京市地方金融监督管理局发布《关于交易场所分支机构未经批准开展经营活动的风险提示》（以下简称《风险提示》）。《风险提示》称，目前北京市未批准任何交易场所设立分支机构，并指出："如有外埠交易场所（重点为金融资产交易所）分支机构在京开展经营活动属于违规经营行为。"

2019年11月21日，深圳市互联网金融风险等专项整治工作领导小组办公室发布关于防范"虚拟货币"非法活动的风险提示并表示："将对非法活动展开排查取证，一经发现，将按照《关于防范代币发行融资风险的公告》要求严肃处置。"

2019年11月22日，中国人民银行上海总部官网发文《加大监管防控力度，打击虚拟货币交易》。其中提到："根据国家互联网金融风险专项整治工作总体要求，上海市金融稳定联席会议办公室、人民银行上海总部联合上海市区两级各相关部门，对上海地区虚拟货币相关活动开展专项整治，责令在摸排中发现的为注册在境外的虚拟货币交易平台提供宣传、引流等服务的问题企业立即整改退出。"

由此可见，我国对于加密数字货币交易采取明确的禁止态度，一切与加密数字货币相关的活动，如交易、筹资和开设交易平台等行为在我国均是违法的，是被禁止的。

即便受上述政策影响，各公司纷纷选择于海外开展虚拟货币相关业务，但由于各国对于首次代币发行（ICO）的监管态度不一，监管手段和程度各异，投资者也会因此面对各种不确定的风险。

（2）比特币的虚拟财产属性获司法机关认可

2019年7月18日，首例比特币财产侵权纠纷案在杭州互联网法院开庭宣判。经过本次庭审，法院确认了比特币"虚拟财产"属性。值得注意的是，这是中国法院系统对于比特币等加密数字货币虚拟财产属性的首次认定。

关于比特币虚拟财产的属性，杭州互联网法院认为，比特币具有财产作为权利客体需具备的价值性、稀缺性、可支配性，应认定其虚拟财产地位。

从财产的构成要件看，首先，比特币具备财产的经济性或价值性，比特币通过矿工挖矿生成的过程及劳动产品的获得，凝结了人类抽象的劳动力，可以通过金钱作为对价转让、交易、产生收益、对应持有者在现实生活中实际享有的财产，具有使用价值和交换价值；其次，比特币具备财产的稀缺性，其总量恒定为2100万个，供应受到限制，作为资源其获得具有一定难度，无法随意取得；最后，比特币具备财产的排他性和可支配性，作为财产具有明确的边界、内容并可以被转让、分离，其持有者可以对比特币进行占有、使用并获得收益。

综上，比特币等"代币"或"虚拟货币"符合虚拟财产的构成要件，虽不具备货币的合法性，但对其作为虚拟财产、商品属性及对应产生的财产权益应予以肯定。

98　如何简单区分一个区块链项目是否为骗局（空气币）？

"1年收益率500%""开盘就翻倍""年底百倍"，一般来讲，这种直接承诺会获得高收益的项目往往是骗局。许多和区块链并无太大关系的"空气币"项目仅以集资为目的。

此外，如果白皮书中根本没有讲到区块链技术的必要性，或者筹资理由不够充分，没有落地应用场景，都是讲一些大而空、理想主义的东西，那么这种项目往往也是骗局。

判断一个人是否在操纵骗局，最简单的判定方式就是看这个人是不是一直在不断地进行募资，却没有什么实际的成功案例，以及如果一个项目的历程无从查证，这种项目往往是骗局或传销。

下面通过具体案例来进一步了解"空气币"的相关性质。

2019年4月23日，衡阳市公安局珠晖分局成功破获一起以虚拟数字货币为幌子的网络诈骗案，涉案金额达3亿余元。

据了解，2018年12月下旬，多名受害人到珠晖公安分局报案称被一个叫作英雄链（HEC）的区块链虚拟数字货币项目诈骗，被骗金额从数十万元到几百万元不等。

上述提及的英雄链（HeroChain，HEC）曾于2017年年底进行大规模路演，并于2018年1月进行首次代币发行。当时该项目表示已获得柬埔寨政府颁发的博彩牌照，并拥有神秘的柬埔寨官方背景和多位重量级投资人背书。然而，没过多久，多名投资人纷纷站出来表示自己与该项目并无任何关系；该团队发行的英雄币未能如约在2018年3月底登上三大交易所。

最重要的是，英雄链在2018年1月份一经上市就破发，价格从0.5元缩到了0.0002元，缩水了99.96%，成了名副其实的"空气币"。起初，投资人还对项目方抱有一丝希望，认为其会为自己退币，但是等来的却是销售和运营团队的相互推诿及彻底跑路。珠晖公安分局于2018年12月29日正式对该案进行立案侦查。

经查明：犯罪嫌疑人白某辉在境外、内地分别注册一家公司，而公司实际办公点在北京。公司董事长陈某丽伙同项目经理高某开发以博彩业为噱头的区块链虚拟数字货币项目，发行虚拟数字货币英雄币，引诱大量数字货币持有人前来投资。

短短2个月时间，该项目方共募集到近4万个以太币（按当时市价可兑换约3亿余元人民币），其将募集到的以太币大部分以分红方式发放给了团队工作人员及各级代投。

2018年1月15日，英雄链项目方发行的代币英雄币在某网络交易平台上线，上线即破发，变为空气币。随即英雄链项目方关停了官网，解散了官方微信群，项目负责人不见踪影。投资人发觉被骗后陆续报案。目前，白某辉等15人已被刑事拘留，其中9人被批准逮捕，6人刑拘在逃。案件正在进一步全力办理之中。

由此可见，"空气币"项目多用先进的技术作为幌子，并编造各种高大上的背景，利用人们对技术的一知半解诓骗人们进行投资，但是却没有任何的落地应用项目。一旦筹集到足够的资金或察觉到谎言即将揭穿便立即跑路。

> ⟲ [提示] 链得得曾做过全球五大地区数字货币诈骗项目拆解，请参考《【链得得3·15重磅起底】深度拆解全球五大地区数字货币诈骗项目》。

如何识别一个区块链项目是否为传销币？

（1）发行方式

加密数字货币依据特定算法，通过大量的计算产生，是去中心化的发行方式。每个不同的终端节点负责维护同一个账本，而这个维护过程主要是算法对交易信息进行打包和加密。

而传销币则主要由某个机构发行，传销头目在国内或国外注册成立空壳公司并设立网站，通过微信、讲座等形式大力度宣传某种虚拟货币的价值，以多至百倍收益的高额返利为噱头，不断吸纳会员会费达到敛财目的。

（2）交易方式

加密数字货币是市场自发形成的零散交易，形成规模后逐渐由第三方建立交易所来完成交易。

而传销币则受到机构或个人控盘，无法自由交易。此类平台发行的假虚拟货币往往无法在交易所交易，因此多采用场外交易或自有交易所交易，同时价格被机构或个人高度控制。

（3）实现方式

虚拟货币本身是开源程序，在GitHub社区维护，其总量限制的参数和方式均显示在开源代码中。

而传销币完全抄袭别人的开源代码，并且未使用开源代码来搭建程序，无法产生区块或在区块上运行，因此多采用人为拆分的方式进行代币奖励，通过在短期内不断拆分，产生大量积分或代币，造成财富"暴涨"的错觉。

（4）是否给出源代码链接

去中心化数字货币都会在官网的显要位置给出源代码的链接，这样做是为了公开透明地展示货币系统的运作机制。而传销币重点宣传的是充值购买交易流程，并不提及其运作机制，甚至网站上都没有源代码的链接地址。

（5）官网是否是https开头

一般的去中心化数字货币的官网和交易网站地址都以https开头，其目的是这类网址可以很好地保护用户的数据不被非法窃取。但传销币的官网、交易网站等相关网站都没有以https开头。

链得得官网文章《【重磅起底】2018年上半年100大传销币清单》曾就传销币的基本规律做出如下总结：

1）传销头目在国内或国外注册成立空壳公司并设立网站，通常巧立慈善、理财、游戏、医疗研究等明目，以获取大众初步信任。

2）通过微信、QQ群、讲座等形式大力度宣传某种虚拟货币的价值，有些甚至配以专门的公关进行网络洗白以打消会员疑虑。

3）以多至百倍收益的高额返利为噱头，吸引众人参与，经营模式通常为"交入门费""拉人头""组成层级团队计酬"这三点，不断吸纳会员会费达到敛财目的，具体形式为：①交纳或变相交纳入门费，即交钱加入后才可获得计提报酬或发展下线的"资格"；

②直接或间接发展下线，即拉人加入，并按照一定顺序组成层级；

③上线从直接或间接发展的下线的销售业绩中计提报酬，或者以直接或间接发展的人员数量为依据计提报酬或返利。

4）最终往往因无下线加入该项目，该项目会员因不能将数字代币兑换成现金，资金链断裂而案发。

> ⟳ [提示] 关于市场已知传销币清单见附录H。

100 如果我将加密货币打错地址了，或者被骗被盗了，还能否找回？有哪些保护自己合法权益的法律渠道？

加密数字货币地址是可以自我校验的，本身就有正确地址和错误地址之分。但如果打错地址往往是无法找回的。

反过来讲，黑客正是利用这一点，在攻击交易所之后，将其中的加密数字货币转移至一个或多个地址中，之后无论是用户还是交易所，均无法根据这些地址找出背后黑客的真实身份。也就是说，如果加密数字货币打错地址或被盗，很大程度上是无法找回的。

需要注意的是，目前国家尚未认可虚拟货币的货币属性，禁止其作为货币进行流通使用等金融活动，但并未否认虚拟货币可以作为一般法律意义上的财产受到法律的平等保护。

据过往判例来看，目前我国的司法对于人民认可的财产都予以认可、尊重和保护，不论是房屋、汽车等有形资产，还是加密数字货币等虚拟资产。具体适用的法律条款则按照案件具体情况而定。

附录

附录A　【链得得全球行】

大型互联网公司参与的区块链
（中本聪团队见面会论坛实录）

记者：李非凡 | 链得得全球合伙人、总裁

马尔蒂·马尔米（Martti Malmi，又名Sirius）是北欧比特币社区的传奇人物，是和中本聪共事的第一个比特币项目核心开发人员。在比特币项目早期（2009年春），马尔蒂贡献代码并运行比特币项目。马尔蒂在2009—2011年通过芬兰赫尔辛基的服务器管理着bitcoin.org和bitcointalk.org（Bitcoin Forum），这段经历使比特币社区一度认为马尔蒂本人就是中本聪。马尔蒂在他的个人计算机里挖出了1000多个比特币区块。通过PayPal卖出了5050个比特币（以5.02美元的价格），完成了世界上第一单比特币法币交易。在中本聪消失后，马尔蒂的工作从比特币转移到区块链上，他作为共同创始人创建了区块链数字ID支付公司MONI。目前马尔蒂在去中心化数据库初创公司gundb.io工作，开发他自己的身份信任网络项目identi.fi。

对话嘉宾：

马尔蒂·马尔米（Martti Malmi）：北欧比特币社区的传奇人物，和中本聪共事的第一个比特币项目核心开发人员。

曹辉宁：Usechain创始人兼CEO；长江商学院金融学教授，金融系主任。

邓仰东：MATRIX首席人工智能科学家。

李博：某大型互联网公司参谋部负责人，以及相关区块链业务负责人。

李非凡：本次见面会的主持人， 链得得全球合伙人、总裁。

以下为节选的对话实录：

李非凡：现在银行、金融机构在进行区块链的技术研究，尤其是跨境结算的问题。俄罗斯、欧洲部分国家的银行，对于跨境结算区块链应用的安全性有很大的质疑。另外，传统银行要在区块链进行分布，如果采用区块链方式进行的话，很可能会使既得利益团体受到巨大的伤害。这可能是两个巨大的挑战。

曹辉宁：安全需要实践来看。马尔蒂知道比特币基本上没有很大的安全问题。我认为安全问题，大家可能会担心，但是比我们想象的要少。在跨境支付这块，我比较看好。但是我觉得现在因为底层技术还不够，导致伪区块链大行其道，并且有些项目做得很成功。但到最后，真正去中心化的区块链才可以做起来，至于像蚂蚁金服来做跨境支付，也是比较值得尝试的方式，也不是区块链技术的核心，核心是社区，每个人都可以参与，而不是某个机构可以代替我们。

李博：我们用区块链技术来做跨境支付，我不知道您怎么看央行主权数字货币这件事情。某种意义上跨境支付的频繁发生，慢慢侵蚀当地央行货币主权的问题，而现在各个国家也在做数字央行的探索。

曹辉宁：做起来相当于一个数字钱包，就是把法定货币数字化，可以做起来，但是不可以代替分布式记账技术，可以做成加密数字化技术，变成加密钱包，全球可以交易，这方面我支持。但是到目前为止，英国、中国都处在研究阶段。

区块链和人工智能（AI）结合会创造更高层次的智能

李非凡：邓总在人工智能方面非常有发言权。区块链技术，更多是改变生产关系本身，而且人工智能目前更多是在前端改变生产力的创造效率的方向。在当下最热门的两个技术概念商业应用上，您认为如何结合？在哪些环节或商业角度进行结合，在当下是具有商业效率、商业价值的？

邓仰东：我个人认为人工智能与比特币两个概念之间有很密切的联系，应该说有内在本质的联系。为什么这样说呢？

一方面，比特币最大的作用是数据可信性，上面的数据是可以相信的，也可以交易的。没有数据，也就是人工智能，人工智能建立在可信的数据基础上。所以，比特币给人工智能提供非常好的数据来源。另一方面，在共识基础上的合作机制。有了机制之后，我们可以进行组织，大家都有动机，把资源共享，之后可以拿来做更多的计算，这样，比特币给人工智能提供共享资源计算平台。

再有，人工智能对于区块链也有帮助，区块链需要参数优化，参数非常复杂，参数那么多，在优化方面人工智能可以起到很大的作用。现在尤其有了通证之后，关于安全性的问题、怎么设计通证的问题，人工智能至少可以提供一部分解决方案来解决。

再深层次来看，区块链提供整合时间和空间的方式，人工智能从时间和空间历史上的数据预测未来，只有这两个结合，才可以有更高层次的智能，智能是适应世界的能力。传统的人工智能，解决的是一个问题，而真正的应该是一个模型解决所有的问题，一个算法可能解决不了这个问题，需要有其他的东西来配合，而区块链提供了这样的机会，所以给整个世界带来很大的变化。

还有应用的问题，我个人感觉应该有三个层次的应用会出现。第一个层次可以用人工智能的技术解决区块链本身的问题，如做通证验证、人工智能漏洞发现、增强智能合约的安全性。现在已经有一些区块链用这样的技术，包括我们做的项目也有这样的技术。第二个层次可以做人工智能应用，我们利用区块链提供的数据，本身可能不需要用到区块链本身。这里面几乎所有的人工智能应用都可以这样做，如医疗数据的处理就是典型的案例。第三个层次，如果将来真正新的共识机制建立在所有计算资源都可以共享上，我们可以把区块链组织成世界上最大的体系，而这个体系可以解决更大的问题，有这样的资源可以解决更多的问题。

AI变成去中心化是有可能的

李非凡：马尔蒂认为，最有可能与区块链结合的就是人工智能。我也想问一下马尔蒂，在最初区块链网络上联想、发掘人工智能应用场景的话，您觉得场景怎么切入？与人工智能技术结合，应该从哪个方向或哪个方式上进行叠加？

马尔蒂：人工智能与区块链非常不同，人工智能需要很多大数据（包括主要的数据及小交易数据）来分析区块链能力。我可能会想一下，关系可能类似于个人数据的授权、使用，我觉得用传统的方式可能无法实现这样的交易。但是我们有区块链的解决方案来获取这些私有数据，能够在需要的时候使用数据，比如Facebook、谷歌或其他数据控制层面可以使用数据。

李非凡：说到人工智能，回问邓总。其实人工智能无非就是三个方面的协调，算法、算力、数据的协调。其实区块链是对人工智能底层运营逻辑的变化，大部分人工智能都采用中心化处理方法和储存方法，正好与区块链倡导的去中心化非常矛盾。目前，人工智能应用项目如何在去中心化、算法去中心化、分布上有更好的应用？我相信底层逻辑是非常困难的方向，特别是在人工智能领域。您怎样看待这个问题？

邓仰东：当然也会有一些问题，我们只想用云计算能力，就把数据也交给它。特别是提供云的公司，如谷歌、Facebook、亚马逊，它们在使用用户的数据。这个局面不应该是理想的局面。

另一方面，谷歌在2017年花了90亿美元建大的计算资源，虽然有这么多机器，但很多问题还是解决不了的。一个可能趋势，没有一个体系可以解决所有的问题。从这个角度上来讲，中心化的方式，也应该是可以改变的。

人工智能变成去中心化，有没有可能？有可能。例如，我们有很多的数据，希望共享这些数据来建立一个模型。我不想其他团队看到我的数据，可能有我的隐私在里面。现在谷歌和爱丁堡，它们已经做了这样的工作。什么意思呢？大家都是我的数据，都在各自节点上。训练节点给大家共享一个模型，每个节点上做一些计算，梯度可以共享里面，所有的模型都根据梯度来，所有的训练出来是一个全局，但是每个人不需要把数据给别人。这个部署已经证明可行，但是里面有很多的问题要解决，我们做实验超过很多的节点，不会再出现，现在是512个节点。不管怎么说，如果我们继续增大程度，有更新的计算方式，这是目前最需要解决的问题。我在很近的节点上算就可以了，为什么要交到云上来算？这里面困难是最多的，需要很多的研究。但是我觉得未来两三年，这些方法很有可能变成熟。

李博：数据完全没有问题，通过数据确权，人工智能对于区块链是最成熟的应用之一。去中心化效率，越中心的服务器也好，计算节点也好，其实效率是越高的。所以，有没有可能有一天，即使我们将全球其他设备加起来，是可以超越谷歌、Facebook的某一个节点，其间我们需要消耗的传输、电力也好，大到我们不可承受。

李非凡：我们在非议Facebook滥用用户数据与隐私数据的时候，下一个问题要问马尔蒂，Facebook出现丑闻之后，专门建立一个区块链的部门。您作为比特币最早开发人员，您怎么看待目前比特币分布式记账方式应用在大企业、大云及大的中心化计算的互联网公司身上？它们进行自我区块链革命的话，应该从哪下手？这是大家非常关心的问题。

马尔蒂：我相信想解决谷歌、Facebook面临的问题，作为去中心化的云，有这样的（文件币）的产生，也是去中心化的概念与方式。但是对于里面加入我们私密信息时，我们现在的方向是让更多企业可以调用，可以来申请找到我们的信息，但是不会泄露使用这样的区块链技术。

大型互联网公司参与的区块链

李非凡：大型互联网公司因为中心化运算趋势与应用趋势越来越明显，如果它们想进行区块链自我革命与颠覆的话，可能会面临很大的难题，在自我已有很大的利益驱使下，要断掉利益驱使，要进行从零开始的探索。但是到目前为止，包括百度、腾讯、阿里巴巴都还在探索成型的方案。在您看来，大型互联网公司如何进行区块链的设计？

邓仰东：我真没从这些公司的角度考虑过这个问题。我在想阿里巴巴可能会在做，更多从私有链的角度来做。据我知道很多央企有需求建自己的区块链，显然要自己的私有链，这时候可能会找阿里巴巴、腾讯这样的公司做，因为他们觉得阿里巴巴和腾讯是跑不掉。如果从公有链来看，因为他们有巨大的用户人群，结合金融的方向来做，也未尝不可，特别是有数据的优势，但是另一方面不能滥用数据，是一个不太可能解决的问题。

　　另一方面，是试错阶段。他们这样的公司不妨做有关私有链的事情，公有链方面可等别的公司技术成熟，再获得技术。

　　曹辉宁：我的观点不一样，我认为大型互联网公司进行传统区块链化改造有难度。但是可以在中心化配置的情况下，利用区块链技术在部分场景中完成延伸开发，解决效率和上链问题。为什么呢？因为在区块链技术里，通证经济本身其实是很有力量的。假如在政府有监管的情况下，允许腾讯、阿里巴巴也可以在全球发行自己的通证，当然在监管之下，它便可以与真正的区块链同样存在。只是以一个中心化的方式，可以用通证增加其力量。

　　李非凡：从您的专业角度再深入一些，把大型互联网公司换成大型国企与金融公司，大部分金融公司从一些私有链的角度来考虑。大多数金融机构转型，都从联盟链或侧链、私有链的方式进行研究。您怎样看待大型金融机构依然要面临自我研究的利益打破的过程？

　　曹辉宁：干联盟链是死路一条，联盟就是解盟，不要干联盟链，我一个人可能会干成。我觉得要不你自己干，中心化，董事会轮流挖矿，像EOS一样，弄个发币，全球发一发，把价值可以做得更大。这是能做且可以做的事情。革自己命，基本上是不可能的。

可以看看大的公司区块链研究基本上都不死不活，能做的东西有限，做的事情有各种各样的阻碍，让你做不下去。

李非凡：我可以理解为，在核心金融机构的应用里面，区块链真正去中心化的原则不可能真正实现吗？

曹辉宁：相当于一种均衡，在任何一个中心化效率非常高的应用里，这一点是毋庸置疑的。但是中心化有一个误区，中心化之后，不见得为你服务，也可能为自己的小圈子服务。所以，去中心化相当于一种制衡，让中心化组织不要再腐烂，稍微烂一点也可以。政府失去公信力的时候，区块链技术可以让老百姓有一些支付手段。

李非凡：在保存性能与安全，以及运营逻辑的情况下，并且在公平、合理、透明的条件下，多中心化是目前比较好的方向。

曹辉宁：对，多种模式并存，中心化、去中心化有自己的好处，去中心化最后形成无政府主义，形成一盘散沙，也会有问题。

李非凡：李博是知名互联网公司战略总部的参谋。您怎样看待这个问题？如果是您的话，会怎么做？

李博：我们看到BAT都有自己区块链的尝试，阿里巴巴于2017年有全球最多的区块链方面的专利数量，百度方面有金融、ABC资产证券化上链的工作，包括京东、腾讯，有做云计算的延伸。我觉得现在大的互联网公司都在这个方面做尝试，就像一个新科技出来的时候，不可能视而不见，完全忽略掉这波技术浪潮，这是不可能的事情。

我比较同意曹教授的看法，大的互联网公司不是断然不可能，是九死一生的过程。因为历史上我们可以看到很多新技术的出现，大公司有实力、内部有研究人员在做，但是很难进入新生公司完成自我颠覆，之前有一本书叫《创新者颠覆》，一个公司做到营收100亿美元的规模时，这时候很边缘的市场对其来说是微不足道的，他不可能花一个团队在那个渠道，因为每年要给股东的回报是5%、10%的增长，所以这个公司没有办法像初创团队那样拼命。所以，历史上你看过去的趋势，比如原来通信企业大公司，像微软这样的公司很难挤进互联网，也没有到移动互联网变革。

李非凡：马尔蒂先生，您听完中国三位嘉宾的分享更同意谁的观点？有没有看过无论是国外，还是中国，科技互联网大公司进行区块化成功的局部或整体案例？

马尔蒂：如果谈这些电信公司，我觉得也是去中心化的，利用相同的协议基础设施来实现的。电信公司、能源公司，同样也可以通过这样的方式来交易。但是在去中心化的网络当中，每个网络都是通过支付来购买数据的，你可能会给网络支付，能够得到一些相应的补偿，在不同的数据及内容之间建立起联系。

当前共享经济模式下拥有的区块链不会有本质区别

李非凡：我之前跟《区块链革命》的作者聊天时，他认为区块链最先发展的商业经济应该是共享经济，但包括Airbnb（爱彼迎）、Uber（优步）在内的项目却被诟病成伪共享经济。如果真正进行共享经济，要基于区块链的底层架构展开，才能够真正提高效率。Uber在中国崛起后，很快被国内其他巨头打压下去，如果Uber当时拥有区块链想法或实践的话，是不是会得到一个不一样的结果？

李博：我觉得共享经济在全球快速发展，其实与历史事件相关。2008年全球金融危机开始之后，消费开始下降，人们被迫需要更多的收入，所以会把闲置资产拿出去。大量像Airbnd、Uber这样的企业都是那段时间前后出现的，正是共享经济爆发的时候。

如果说共享经济公司有今天的区块链技术，我并不觉得有本质的不同。因为快速的发展来源于市场环境，而并不是来自所拥有什么样的技术。您可以看到，不管是Uber还是Airbnb，都不是代表着互联网技术最先进的领域。所以，我的核心逻辑，它是市场驱动的结果，而区块链尤其是今天的区块链技术，还不足以支撑"中国共享经济会比当时更快更猛烈进行爆发"。

李非凡：真正把共享经济项目进行区块链化，一个是以通证模式进行资产、体系的流通，这是目前为止看到的共享经济进行区块链的特征；另一个是整体管理体系、运营体系的变化，公司并不是中心化，不以营利为目的，收入方式并不是传统报表所体现的资产增值。这可能是共享经济和区块链在底层逻辑上最大的区别，滴滴、快滴、摩拜、ofo会通过这样的方式自我革新吗？

李博：我觉得大的互联网公司很难在内部进行自我革新，就像谷歌很难自己颠覆自己的云计算系统，作为边缘化去中心化的系统。我觉得有一个前提不是很成立：用户不是很重视是否是"去中心化"。市场上无论是做共享经济还是去中心化应用（DApp），还未看到一个与传统互联网应用相似体验的应用出现。如果把区块链比作互联网的话，我们现在处于哪个阶段？我的回答是1995年左右。所以，我们今天并没有办法用同样好的体验给用户提供类似的服务。

曹辉宁：我觉得打车链是蛮有意思的尝试，包括Airbnb区块链化，这里面需要很多信任，我把房子租给你，能不能相信你，这是非常重要的。而区块链最大的贡献，就是在两个陌生人中建立信任。但是完全去中心化比较困难，因为上链的司机有没有犯罪，有没有前科，有没有和顾客不太好的地方，都需要有人审核，所以这部分需要一定的中心化。

我觉得最后是一个混合体的形式，叫车、租房去中心化，同时用通证经济来处理规模化。而在某些方面，比如司机审核、房屋打扫等方面，可能还是需要中心化机构的参与。

李博：区块链解决信任问题，我非常同意。共享经济时代里，平台面临的最大问题就是供给者与需求者的信任问题。我相信分布式的区块链技术未来可以解决平台与用户之间的信任问题，但不会是现在。

因为人对一个事物的认知是需要一段时间的，就像我们如何接受无人驾驶，需要社会环境与舆论环境的成熟。科技的进步与更迭是与时代更迭相关的。也许在移动互联网时代，下一代小朋友看着抖音、快手，看着区块链作为原生民，共享经济的信任问题可以得到解决。

李非凡：在很多现实情况中，社会化因素的影响，甚至有可能会超过技术化的因素。例如，普通人没有太高的文化或生活阅历，更愿意相信中心化的大公司与平台，而不会相信真正在算法意义上或在数据库分布意义上的信用传递。相信人，还是更相信技术，在这个现实问题上，您的理解是什么？

马尔蒂：相比于钱币几千年的历史，区块链只是一个新事物，需要人们花点时间慢慢了解。随着时间的推移，人们依据经验会接受密码。无论中心化还是去中心化的记账簿，可能都有相同的记账机制。例如，现在很多中国人使用移动支付来叫出租车或买咖啡，这令人印象十分深刻。

李非凡：现在区块链共享经济的应用，如果放在1996年的互联网时代，是否有早期的苗头或趋势？或者区块链的通证经济或运营思路让您觉得可能成为2008年之后的移动互联网的方向？

李博：可能有两个方面，一方面是从商业模式本身看，我觉得区块链可以在体系内创造一个通证，形成一个共识，不需要外部的补贴。通过交易挖矿的机制，引来大量流量。我觉得从收费、免费到补贴，是一项伟大的社会实践，有可能未来在某些互联网领域造成更快的市场渗透。

另一方面，我们来看哪些共享经济会最早与区块链结合。如果我们把所有的共享经济画成一个轴，一边是劳动分享，另一边是物的分享。Uber是劳动分享，Airbnb处于中间，最靠物的一边是共享单车、共享雨伞、共享充电宝。另外一个类型的互联网经济，就是物权的确权会最先与区块链有一些有趣的结合。

李非凡：现阶段的区块链技术对照于当年的互联网技术，您认为现在处于当年互联网技术的哪个时代？为什么？

马尔蒂：现在是非常早期的阶段。我觉得比特币现在就是2001

年的谷歌与雅虎。之后在2009年，我们逐渐看到了一些政府开始接纳这样的区块链概念。

李非凡：您会把比特币比作互联网上的什么东西呢？有人说是邮件，有人会说TCP/IP的网络，您是怎么看待的？

马尔蒂：TCP/IP对互联网来说是多元化的产品，我觉得对比特币来讲，可能在行业里面只是虚拟货币竞争的成员，但是我希望比特币有一天成为谷歌。

李非凡：在共享经济的应用方向上，有什么样的共享经济项目会更广泛地使用比特币技术？

马尔蒂：现在可能并没有在区块链应用到共享经济的项目。其实很多商业模式都是在克隆区块链的概念。但是有了区块链，可以实现去中心化、透明化交易，没有中间费用，所以对两端都会带来好处。

中本聪既是经济学家，也是技术开发者

李非凡：马尔蒂通过自己的计算机挖出1000个区块，之后都卖掉了。有一个网友想问一个问题，在您看来中本聪是一个技术开发者，还是更像一位经济学家？

马尔蒂：两者都是，更多倾向于经济学家及学术思考者，他也会做很多写代码的工作，也许不是专业写代码的人，但是也具有非常高的专业技能。我觉得可能更多倾向于经济学家方面，并不是所有的人都能想出来这样的一种方式。

邓仰东：我同意你的观点，中本聪更倾向于经济学家，他就是在激励人类，有一些经济背景。

李非凡：在最早期比特币创始团队里面，大家怎么看待中本聪突然消失的现象。针对这个事情，您的认知是什么？

马尔蒂：我和中本聪同时离开的，我意识到他离开的时候，他发消息表示他将会转向其他的领域。我并不觉得这是一个大事，因为比特币当时并不是一个非常大的事情。我和中本聪最后一次通话是在2011年，聊天也仅限于一些枯燥的东西。

早期的比特币参与者都是理想主义者

李非凡：枯燥的东西，我们也愿意了解一下，您愿意和我们分享当时谈的什么东西吗？例如，日常比特币管理，也许比特币汇率，或者比特币论坛，或者类似相关的东西？我现在给三位嘉宾一个机会，大家对中本聪谜底有什么好奇的想法，对于中本聪及比特币创造有什么想了解的地方？

马尔蒂：在早期区块链发展阶段如何来组织相关的工作？现在大家都知道比特币有巨大的市场，但是在当时2009年早期，很少有人了解区块链和比特币的概念，所有人都在相互沟通，追求同样的事业，虽然大家都清楚也许这个东西永远不会发生。早期比特币的参与者都是一些比较理想主义者，非常希望通过比特币可以赚到很多钱，当然这里面有很大的风险，很多时候都是竹篮打水一场空。

附录B　以太坊的共识机制是什么？升级中为何更换共识机制？

作者：齐灵鸽　| 链得得编辑

2013年年末，以太坊创始人维塔利克·布特林发布了以太坊初版白皮书，这个有着智能合约功能的公共区块链平台走入大众的视野。作为区块链底层开发平台，为了能够让自身网络更好地满足去中心化应用开发的需求，以太坊需要不断升级来解决当前网络存在的问题。而硬分叉就是升级的途径。

在以太坊的升级中，需要经历四个主要阶段：前沿（Frontier）、家园（Homestead）、大都会（Metropolis）、宁静（Serenity）。

目前的大都会阶段包含拜占庭硬分叉和即将到来的君士坦丁堡硬分叉，而这个阶段就是将以太坊从PoW（工作量证明）机制向PoS（股权证明）机制过渡的过程。

那么，以太坊升级前后的共识机制有什么区别？

首先来了解什么是共识机制。简单来说，共识机制在区块链网络内可以起到两个作用：①决定谁负责生成新区块；②维护区块链统一。

以太坊前期所采用的PoW机制就像是按劳分配：多劳多得，少劳少得。矿工们使用算力挖矿，算力越大，能挖到加密数字货币的概率也就越大，同时也可以决定区块链主链的方向。这个机制同样规定，计算量最大的链条为主链条，如果有人恶意破坏，那就需要掌握全网超过50%的算力，付出高昂的代价。

PoW机制有效可靠，并且多劳多得的方式更为公平，但是却有一个弊端：会浪费算力。举一个例子，两个人参加一个魔方比赛，胜利者只能是一个人，这就导致另一个人耗费了多余的时间和精力。在挖矿中，付出多余的算力则意味着消耗了电力去做无用功，不仅浪费时间，而且按照现在的电价，便是一笔不小的金钱支出。为了解决这种浪费资源的情况，PoS机制诞生了。

PoS机制更像是贵族制度，谁的权力大谁就拥有特权。在PoS机制中，谁拥有的币更多，谁挖矿成功的概率也就更大。若要破坏这个系统，则需要拥有超过50%的币。比起拥有算力来看，拥有了数量足够多的币，破坏系统反而得不偿失。从防御角度来看，利益强相关的PoS机制更牢靠一些。

为什么以太坊要更改共识机制？

2018年12月10日，以太坊创始人维塔利克·布特林在推特上宣称，未来采用基于PoS分片技术的区块链"效率将提高数千倍"。

共识机制的转变，可以使以太坊网络实现扩容和提高其处理速度，性能得到进一步提升。从开发者角度看，共识机制的转换对于以太坊来说是一件好事。

对于专门挖掘以太币的矿工来说，共识机制的转换则并不是一件好事。君士坦丁堡硬分叉升级协议中有这样一条：将块采矿奖励从3以太币减少到2以太币，以及将难度炸弹延迟12个月。也就是说，挖矿难度增大的同时收益更低了，新的PoS机制对于依靠算力获得收益的矿工不够友好。

但不同于诞生初便定位要改变货币世界的比特币，以太坊似乎志不在创造新的加密数字货币去分一杯羹，它希望成为一个更能展现区块链技术的平台。然而DPoS（股权授权证明）机制的出现，使得EOS、Tron等公有链表现亮眼，在游戏浪潮兴起时成为大多数开发者的选择。即使作为"先驱"拥有大量的开发者做后盾，但以太坊更应该加快步伐，给予开发者良好的开发体验才是硬道理。

附录C 区块链安全面面观：
51%攻击和女巫攻击

作者：马文佩 | 链得得编辑，【大文观链】专栏主笔

　　设想有这么一天，平行世界里的比特币矿池前三名的老板们突然决定强强联手，将旗下三家矿池合并成了一家超级矿池"坏蛋池"。"坏蛋池"拥有的算力约占全网算力的54%，超过了所谓51%攻击的临界线。那么，在这种情况下会发生什么事呢？51%攻击会摧毁整个比特币系统吗？

　　首先我们来明确51%攻击是什么。根据《比特币：一种点对点的电子现金系统》："只要大多数的CPU计算能力都没有打算合作起来对全网进行攻击，那么诚实的节点将会生成最长的、超过攻击者的链条。这个系统本身需要的基础设施非常少。信息尽最大努力在全网传播即可，节点（Nodes）可以随时离开和重新加入网络，并将最长的工作量证明链条作为在该节点离线期间发生的交易的证明。"在这段描述里，"大多数的CPU计算能力"指的就是51%算力的这条红线。也就是说，"坏蛋池"拥有的51%算力可以让比特币系统的防御系统形同虚设：可以伪造任意交易记录，并且让全网所有的节点产生共识。

　　"坏蛋池"可以利用算力优势抛售手中的比特币，把它们卖给交易所或某个有钱的"冤大头"。但与此同时，"坏蛋池"并没有将这笔交易打包进新产生的区块，而是捏造了一个虚假的区块，并不断在这个区块后产生新的区块。交易所和"冤大头"在面对大额交易时非常谨慎，等待了若干个区块确认后才将真金白银转入"坏蛋池"的户头。"坏蛋池"在确认到账后随即露出了狰狞的面目，它将虚假

区块向全网广播了。由于拥有优势算力，"坏蛋池"产生的链条一定比诚实的链条长一些，于是交易所和"冤大头"会发现自己再三确认过的交易居然从链条上消失了。

实际上，由于挖出区块的节点是随机的，在某种程度上说依靠运气也可以完成51%攻击：任何能够利用运气击败概率论的节点都可以尝试挖出比其他节点更多的区块，从而利用自己捏造的链条击败诚实的链条，完成一次"虚花"。在这个过程当中，节点占有的算力比例越高就越可能成功。实际上，当一个矿池拥有全网25%左右的算力后，这种攻击成功的概率就会相当高，所以这种依靠运气完成攻击的方式也被称为25%攻击或女巫攻击。这也是直到现在都没有出现25%算力以上的矿池的原因。

但从另一个方面来说，"坏蛋池"的攻击能否获益？比特币系统会因此崩溃吗？更多详细分析可下载链得得App了解。

附录D　打开代码"黑匣子"，联盟链不再"圈地自盟"

作者：仇杨涛｜链得得编辑

围绕着区块链技术有大量的拥趸者，他们惊叹于中本聪设计的PoW机制，也认同维塔利克·布特林（大家称其V神）所打造的智能合约体系。他们拿着"零知识证明""跨链""共识机制"网红"TPS"和"非对称加密"等概念来加持自己的公有链项目。

人们都说，2018年是公有链发展元年，但是这一年过去了，我们看到在熊市的拖累下，曾经摇旗呐喊的公有链项目偃旗息鼓。在这种环境下，联盟链开启破冰之旅。

蚂蚁金服首创性打通香港AlipayHK钱包与菲律宾Gcash钱包的跨境转账；上线医疗电子票据，两周时间产生60万张；打造全球第一家被法院认可的司法可信存证链。

由国家税务总局批复同意，深圳市税务局指导，腾讯在深圳开出区块链电子发票。2018年12月，微信支付电子区块链发票在深圳正式启用，深圳所有开通微信支付的商家，都能登录自己的微信支付商户平台直接开通区块链电子发票功能。

微众银行联合腾讯打造"区块链云服务BaaS"平台。金链盟开源工作组推出开源区块链底层技术平台FISCO BCOS，在深圳举行的金链盟中国区块链应用大赛决赛上，300支队伍角逐215万元（人民币）大奖，而特等奖的奖金高达100万元（人民币）。微众银行区块链首席架构师张开翔告诉链得得，本次决赛10个项目分布于10个场景。联盟链正在化解区块链技术落地难的尴尬。

（1）联盟链的担忧

围绕联盟链的担忧一直都有，"圈地自盟""黑匣子"和"中心化"这三个标签形成了一种潜在的印象。

2015年，区块链创业公司R3 CEV发起组建区块链联盟，并与来自各行各业的200多家不同公司的生态系统合作。"联盟"是R3平台的主要形式，他们的愿景是想通过建立一个账本共享、相对独立的分布式平台，以吸纳更多成员在这个生态环境中低成本、高效率地完成交付与支付。

对于R3来讲，会员费是主要的盈利方式。高盛集团和桑坦德银行曾先后退出R3联盟。高盛集团表示，在交纳巨额的会员费后却没能给集团带来长足的技术进步。机构之间在玩游戏，想让大众坐在下面为你们鼓掌，是不符合逻辑的。

联盟链被人诟病的第二个主要原因是"黑匣子"，即在代码不开源的前提下喊出"区块链是创造信任的机器"的口号。

众所周知，区块链公有链项目的代码是开源的，开发者将代码放在GitHub（GitHub是一个面向开源及私有软件项目的托管平台）上，供技术爱好者、项目方及竞争对手开发学习。一个开源项目的技术社区越活跃，就可以在投资人眼中获得越高的信赖和支持。

但是联盟链的开源平台却少之又少。金链盟开源工作组组长范瑞彬表示："黑匣子"对于区块链技术开发来说是一件很讽刺的事情，联盟链如果是一家机构玩，是发挥不出区块链价值的。区块链应该用于多方的平等协作，以区块链技术支撑良性的行业运作。而只有"开源"，才能让大家对于底层技术有一个共识和认可。

2017年7月31日，微众银行、万向区块链和矩阵元合作的区块链底层平台BCOS（BlockChain OpenSource）完全开源。同年12月15日，基于BCOS平台的金融升级版——FISCO BCOS正式推出。

范瑞彬告诉链得得，一开始他们也是先从应用入手并没有考虑做开源，不过在2015年却没有发现好的联盟链底层平台，所以选择做联盟链底层平台，但是又有新的顾虑："黑匣子"怎么创造信任？

"开源降低了大家的使用门槛和心理门槛，合作伙伴也是冲着这点来的。"范瑞彬表示，开源会提高大家使用的意愿，并反过来促进开源本身的发展，这是一个良性的生态。此外，在发展初期，开源能够成为大家联合做事的基础，当大家在技术、生态、资源共享等条件下形成合力后，才能把这个领域做大做强，以推动行业的发展。

微众银行区块链首席架构师张开翔对链得得说："我们很多线下的沙龙和线上的直播，很多时候是面对开发者的，他们对代码有比较好的了解，也会在架构和想法上提出一些建议，所以整个社区的氛围还是非常活跃的。"

联盟链是针对特定某个群体的成员和有限的第三方，内部指定多个预选的节点为记账人，每个块的生成由所有的预选节点共同决定，其他接入节点可以参与交易，但不过问记账过程，其他第三方可以通过该区块链开放的API进行限定查询。

联盟链的维护治理一般由联盟成员进行，通常采用选举制度，容易进行权限控制。这种"预选"的节点被大家看作"中心化"的表现。张开翔回应道："治理是多中心化的，在某种程度上可以更好地反'托拉斯垄断'。"

（2）对于技术的反思

联盟链的诞生源于对区块链技术的反思。联盟链通过建立多中心化的账本系统，去建立新的共识协议，充分运用区块链所独有的不可篡改和高度协作等特性，并开发运用新的跨链机制。

张开翔告诉链得得，联盟链和公有链有很大的不同，联盟链有立体的安全措施。从网络准入上就有严格的限制，而在数据的加密存储和业务隐私保护上的安全举措是比特币等公有链网络无法比拟的。

联盟链为了提升交易速度，往往是先从共识协议下手。PoW和PoS都无法满足商业应用的需要，"挖矿"对联盟链来讲也没必要。链得得了解到，FISCO BCOS支持并行计算的PBFT（实用拜占庭容错）和标准Raft两种方式。张开翔告诉链得得，PBFT可以有效防止拜占庭问题，容错的概率是1/3，特点是高确定性。而Raft的速度更快一些，在合作的场景里，参与者有一定程度的互信，在追求一致性的同时可监管审计。

区块链是以"浪费"存储来换取信任的技术。存储的快速膨胀一定会带来效率、成本、可用性等诸多问题。不过随着云服务的快速发展，硬件的存储成本越来越低，这样的顾虑也将变得没有意义。

（3）重新定义联盟链

在金链盟中国区块链应用大赛决赛上，金链盟技术委员会主席马智涛指出，全球公有链参与者估算约2000万人，公有链服务普罗大众的使命还远远没有形成，"公众联盟链"才是区块链的正确发展方向。

正所谓"公众"，意义在于打破人们对于联盟链"圈地自盟"的质疑，使得公众作为"链"的服务对象，可通过公开网络访问联盟链并得到服务。在底层技术上，公众联盟链需要具备多链、跨链、处理海量交易的能力；需要支持快速、低成本的组建联盟与建链能力，让建链像建聊天群一样便捷；需要开源和开放，实现联盟成员之间的充分信任。

范瑞彬告诉链得得，其实很多人对于联盟链的理解是有偏差的。联盟链的链上机构是企业，但是这个链所产生的价值和服务是可以传递给C端用户的。

在现实生活中，我们已经建立起了政府信用、资产抵押、标准技术协议、可信牌照资质和法律体系等经过真实社会检验的多维度信任机制。所以，我们应该抛去那些"算法重建信任"的噱头，只依赖算法这显然不是一个完整的逻辑，应该说算法可以支持"信任的增强"。

　　其实可以注意到，联盟链的快速发展在金融场景得到了非常鲜活的展示。范瑞彬在和链得得讨论"权衡金融创新和监管"时表示，技术上要大胆探索，业务上要合法合规。他说道："我们认为联盟链是能够兼顾金融稳定和金融创新的一条可持续路线，微众银行作为一家持牌的金融机构，对于金融有深刻的理解，早些年说这些话，很多人不以为然，但是在今天，大家对这句话的认识会更加感同身受一些。"

　　不同于公有链项目"先出方案，募集资金，大力宣传，拉升价格，最后再投入开发"的思路，联盟链项目秉承的是"以自有资金先投入开发，上生产环境验证，积累真实客户与用户，稳健运行试错，最后再进行推广宣传"的思路。即使阶段性的无奈陷入"落地者众，叫好者寡"的被动境地，但是，越来越多应用的落地是联盟链现在乃至以后最好的证明。

附录E 全球59家主流稳定币解析，
"寡头市场"下一个机会何在？

作者：周芳鸽｜链得得智库分析师

　　2018年10月15日13时至14时的一个小时内，USDT（泰达币）价格从6.82元人民币跌至6.47元人民币，同比跌幅为5.1%；14时至14时20分，USDT价格最高反弹至6.77元人民币；14时50分，BTC/USDT交易对和ETH/USDT交易对达到峰值，彼时USDT一度跌破0.92美元，报价0.9168美元，折合6.34元人民币，较下跌起始价格6.82元人民币已同比下跌7.04%，与14日14时50分6.85元人民币的价格相比，24小时跌幅达7.45%。截至发稿日2018年11月1日，USDT已稳定在6.97元人民币附近，较10月15日最低点6.34元人民币同比增长9.94%。

　　USDT骤跌事件发生后，行业现有分析大致有托管银行Noble被爆破产、USDT背后美元储备出现问题、庄家自导自演造就市场恐慌及其他稳定币的竞争等。

　　面对连连唱衰声，而入局者甚众，稳定币"魁首"能否守住霸主地位？迟到入局者能否曲线翻盘？稳定币对行业发展格局又会影响多深？链得得App对USDT及现有稳定币进行解读，借此一窥市场全貌。

　　（1）入局者众，破局者少，寡头实为市场选择

　　2018年10月10日，时任中国央行数字货币研究所所长姚前、该所业务研究部主任孙浩在《中国金融》发文，将稳定币的概念分为三类：法定货币（或其他中心化抵押物）信托的稳定币、加密数字货币信托的稳定币、无抵押/算法银行式的稳定币。

1）法定货币（或其他中心化抵押物）信托的稳定币：稳定币锚定法定货币或其他中心化抵押物，通常与其各自的法定货币保持一对一的比率。USDT及近日较为火热的Paxos Standard（PAX）、True USD（TUSD）、USD Coin（USDC）和Gemini Dollar（GUSD）皆属于美元抵押的稳定币类型。

2）加密数字货币信托的稳定币：稳定币用其他加密数字货币抵押，一般不存在一对一的比率，比率由其抵押的加密数字货币决定。抵押品可以是单一的加密数字货币（或其他物品），也可以是一篮子不同的加密数字货币。例如，MakerDao推出的DAI，基于比特股（BTS）协议发行的BitCNY和BitUSD等。

3）无抵押/算法银行式的稳定币：稳定币没有任何抵押物支持，而是选择使用算法设计出自动化货币发行政策，如Basecoin（Basis）等。

根据链得得App对全球稳定币市场数据的追踪研究，规律总结如下：

1）2018年下半年：爆发的稳定币市场。

2018年前，全球稳定币共计发行12个，其中2014年共发行5个，占比41.67%；2018年1—10月，全球稳定币共计发行26个，其中9月和10月发行数较多，共计9个，占比34.63%。

2）法定货币信托的稳定币占主导地位，美元占对标资产主流。

2014年至今，全球稳定币发行类型基本可以分为三类，其中法定货币（或其他中心化抵押物）信托的稳定币共计发行22个，以美元作为资产抵押的稳定币有10个，以欧元作为资产抵押的稳定币有5个；加密数字货币信托的稳定币共计发行20个；无抵押/算法银行式的稳定币共计发行16个。

3）以太坊智能合约为主要技术架构。

在目前全球发行的59个稳定币中，基于以太坊智能合约的稳定币至少有32个，占比54.24%；其他还包括Omni Layer、NEO、BitShares（比特股）、Rootstock（RSK）、KOWALA、EOS、Stellar（恒星支付系统）、Dash及尚未公布的技术架构。

截至2018年10月30日，从市值来看，加密数字货币市场的总市值为2033.95亿美元，17个主流稳定币的总市值达22.97亿美元，稳定币占加密数字货币市场仅1.13%。稳定币中，USDT的市值为18.13亿美元，占比78.91%；而剩余16个稳定币的总市值仅为4.85亿美元，占比21.09%。

而从2018年10月30日24小时市场成交量上看，加密数字货币市场的总成交量为105.79亿美元，17个主流稳定币的总成交量为20亿美元，占比18.91%；排除掉首位的USDT，后九位稳定币的总成交量仅为0.74亿美元，而USDT本身成交量已高达19.26亿美元，占据稳定币市场的96.28%。

仅仅发行量及成交量不能证明USDT是目前最安全可信的稳定币，相反链得得此前文章《【链得得独家】深度调查：危险的USDT》对其超发、滥发、流通和价值背书不透明等种种问题进行了深度剖析。但不能否认的事实是，尽管USDT早已"祸根深种"，甚至日前出现暴跌事件，唱衰声此起彼伏，但投资者对其依旧存在高接受度和依赖性。

站在投资者的角度，USDT目前仅是其规避加密数字货币市场高波动性的兑换手段，并不会以投资的角度长期持有。就流通性、便捷性和共识度而言，投资者选择使用各大交易所中的USDT交易对仍占大多数，这也侧面维持住交易所的USDT持有量，并不会在短期内被大量抛售。

（2）迟到的入局者：曲线翻盘成关键

稳定币的意义较其他加密数字货币不同，稳定币定位于价值稳定，旨在结合加密支付网络的去中心化系统，同时拥有相对稳定的价格水平。

链得得App对全球稳定币进行了深入分析，得出结论如下：

已发布的59个稳定币中，法定货币（或其他中心化抵押物）信托的稳定币共计发行22个，占比37.29%，其中美元作为资产抵押的稳定币占大多数，共计10个，以欧元作为资产抵押的稳定币有5个；加密数字货币信托的稳定币共计发行20个，占比33.90%；无抵押/算法银行式的稳定币共计发行16个，占比27.12%；有1个稳定币类型仍处于待定状态。

在后入局者列表中，相对显眼的两个稳定币是GUSD和PAX。

2018年9月10日，美国纽约州金融监管机构金融服务部（DFS）公布，已授权加密数字货币交易所及托管机构Gemini Trust和金融科技公司Paxos Trust，各自发行挂钩美元的加密数字货币、所谓"稳定币"，为此两家公司需要保证满足该州的反洗钱等监管标准，并履行化解风险的流程。

这也就意味着作为一个受政府监管的法定资产托管人，Gemini Trust和Paxos Trust公司需要定期提供美金背书的审计报告，也就是牺牲独立的货币政策来保证汇率稳定，合规性、透明性和风险控制上优势极为明显。

同时就全球对于加密数字货币政策的监管形势看，GUSD和PAX更像是加密数字货币市场与传统金融市场互搏下的临时性产物，是稳定币发展的一个尝试性突破口。

另一方面，随着风口的到来，稳定币的数量井喷，潜力与风险并存。链得得App对市场现存较有代表性的稳定币分析如下：

TrueUSD（TUSD）：团队不直接管理抵押资产，而是采用引入第三方托管的方式，同时引入第三方对资产进行定期审计。通过增加频繁的KYC（身份验证）、AML（反洗钱）来增强监管，提高信息的透明度。但手续烦琐，交易时效性难以保证。

　　DAI：基于以太坊的智能合约，无法人为干预。但稳定性背靠以太坊市值，一旦以太坊出现崩盘，难以预计是否能维持住相对稳定。

　　BitCNY：每一个BitCNY均抵押至少两倍价值的比特股（BTS）。为了实现一比一锚定人民币，系统通过智能合约设置了"强制平仓"和"强制清算"两个机制。类似DAI，BitCNY同样受锚定货币比特股市值剧烈波动的影响。

　　Basis：模仿中央银行发行货币的方式，用算法开发三个货币系统（Basis、Bond Token、Share Token）来稳定币值。Bond Token作为央行发行的债券，用于回购Basis。Share Token作为央行发行的股票，用于Basis众筹。但正由于没有抵押物，系统相对脆弱，一旦出现加密数字货币市场黑天鹅事件，容易造成崩盘。

　　HUSD：支持四种稳定币（PAX、TUSD、USDC、GUSD）间相互切换，存在风控指标对其进行评估审查。HUSD更像是一篮子稳定币的互换机制，较于单个稳定币，理想状态下会更稳定。但目前评估机制和提币机制尚不明确，透明度存疑。

　　尽管目前的稳定币模式各有弊端，纷争不断。但路是走出来的，市场在发展也是在试错。由于稳定币的寡头现象，后入局者的竞争相对来说也处在平等阶段，如何使用新模式实现深一层次的币值稳定，从而曲线突破现今USDT的市场垄断，是各大项目需要深思的问题。

　　（3）稳定币的"不可能三角"，脱离去中心化就是伪需求？

　　2018年9月23日，知名加密数字货币投资者，Bitfinex股东之一赵东曾在公众平台发表过对稳定币的看法，他表示1999年由保罗·克鲁格曼提出货币有个"不可能三角"理论，表示在金融政策方面，资本自由流动、汇率稳定和货币政策独立性三者不可兼得。USDT的成功是放弃了货币政策的独立性，目的是得到高度流动性和锚定美元的稳定性。即保持资本自由流动和货币政策独立性，必须牺牲汇率稳定，实行浮动汇率制；为了稳定汇率，必须限制资本流动，实行外汇管制；保持资本自由流动和汇率稳定，必须放弃货币政策独立性。

以目前流通较为广泛的USDT和GUSD为例，它是Tether公司在比特币区块链上发布的基于Omni Layer协议的稳定代币，号称严格按照"美元本位"的理念发行，每发出一个USDT，都会有1美元储存在银行账户中，同时Tether公司将通过第三方审计证明自己拥有与USDT流通量对等的美元存款。但USDT的发行和销毁受Tether公司专属控制，属于货币发行高度中心化数字货币。而GUSD更是需要通过政府部门严格监管和审计，本质与现代货币相差不远，同样属于脱离去中心化的稳定币类型。这也是稳定币一直以来被人诟病的原因所在，明明打着"去中心化"区块链的旗号，所行之事依旧与传统中心化金融殊途同归。

实则不然，稳定币与其他加密数字货币最大的区别在于其本质上是锚定法定货币市场，追求币值的稳定性及流通性。诺贝尔经济学奖获得者之一本特·霍尔姆斯特罗姆（Bengt Holmstrom）曾在其论文Understanding the Role of Debt in the Financial System（《理解债务在金融系统中的作用》中表达对货币市场的看法，智堡研究所对此论文分析指出货币市场服务流动性供应与借款、规避价格发现、信息不敏感且不透明、中等投资信息与交易者少、交易紧急且成交稳定。稳定币在加密数字货币市场上的身份更多表现在结合加密支付网络进行支付清算、跨境资本流动、提高加密数字货币的货币流通性等。

姚前和孙浩在《中国金融》发表的文章同样剖析数字稳定代币背后的稳定机制和潜在影响，认为稳定币带来了几点启示：其一，稳定代币希望"锚定"法定货币体系，以求获得代币价值的稳定，较之其他虚拟货币产品，与支付清算、货币市场、跨境资本流动等中央银行业务的潜在关联性更强。其二，稳定代币可能对跨境资本管理框架带来挑战。其三，政府监管的稳定代币与民间稳定代币或有质的不同。其四，在数字资产的世界里，数字法币的缺失是问题的根本，稳定代币的出现在一定程度上是这一症结的体现。

在绝大多数情况下，现今的稳定币仍流转于加密数字货币的行业小圈内。在加密数字货币市场仍缺少共识完美的数字法币、脱离全球金融机构监管的自由流通资本几乎无法实现、现实世界未与加密数字货币真正接轨的情况下，仅针对稳定币基于区块链系统的稳定机制而言，无论是促进区块链应用的发展，还是推进加密数字货币在现实世界的落地，抑或为各国实践央行数字货币提供思路，稳定币都有其存在的意义，不能用简单一句伪需求概述。

从现状来看，USDT作为稳定币"龙头"，争议依旧，交易依旧，短期内崩坏的可能性并不大。而稳定币作为加密数字货币市场的特殊币种，对市场乃至传统金融都有一部分借鉴意义，全局否认并不可取。

是否必须用去中心化的特性拔高对发展初期的整个行业的期待，是值得反思的问题。

从ICO到IEO，万变不离其宗

作者：齐灵鸽 | 链得得编辑

2019年3月21日，北京市互联网金融行业协会（以下简称互金会）发布《关于防范以"虚拟货币""ICO""STO""稳定币"及其他变种名义进行非法金融活动的风险提示》公告。公告中点名ICO（首次代币发行）、STO（证券化代币发行）、稳定币，近期火爆的IEO（首次交易发行）也名列其中。

跌跌撞撞，原来区块链的募资方式已经有这么多种形式了。那么，它们之间的区别是什么？本文就来回顾区块链下的募资花样变身。

（1）首次代币发行：区块链中的首次公开发行雏形，从风风火火到落寞尘封

首次代币发行（Initial Coin Offering，简称ICO）源自股票市场的首次公开发行（IPO）概念，是区块链项目首次发行代币，募集比特币、以太坊等通用加密数字货币的行为。

一个项目需要资金，便以发币的形式进行募资。投入法定货币获取相应的代币，基于区块链的代币可交易流通而产生价值。项目方以这种方式可以筹得资金，投资者将获得的代币在市场中进行交易，而后获利退出。看似互利共赢，然而由于这种模式还不够健全，导致一些不法分子借此进行非法集资，圈钱跑路的骗局频频出现。

2017年9月4日，中国人民银行领衔网信办、工信部、工商总局、银监会、证监会和保监会七部委发布《关于防范代币发行融资风险的公告》，其中指出代币发行融资本质上是一种未经批准非法

公开融资的行为，要求自公告发布之日起，各类代币发行融资活动立即停止，同时，已完成代币发行融资的组织和个人做出清退等安排。中国境内的首次代币发行就此尘封。

（2）首次分叉发行（IFO）：分叉币的无声呐喊

首次分叉发行（Initial Fork Offerings，简称IFO）主要是以比特币为主，将比特币重新分叉出来一种新的加密数字货币，然后空投给所有比特币持有者，这个过程就称为首次分叉发行。

首次分叉发行的出现始于比特币第一次硬分叉——BCH（比特币现金）的诞生，新出现的分叉币会按比例相应分配给比特币持有人，并且在交易流通中获得价值，部分也会通过数字交易所进行交易流通。

除BCH（比特币现金），BTG（比特币黄金）、BCD（比特币钻石）、SBTC（超级比特币）等也是当初热门的分叉币。然而，首次分叉发行也逃不过投机者的魔掌，分叉币肆虐也拉低了首次分叉发行的质量。

如今，BCH再分叉产生了BSV。分叉币们当初依靠"总店"比特币的招牌做宣传，时间检验出了真理，不够严谨用心的"分店"生意走向没落。

（3）首次矿机发行：从最开始的"挖矿"入手

首次矿机发行（Initial Miner Offering，简称IMO）是指项目方自己售卖矿机，以用户通过购买官方认证的矿机挖矿的方式来发行代币。

挖矿获取加密数字货币的模式已被熟知，便有人开发了新玩法：团队构造一种特定的区块链，使用特定的算法，只能采用该团队自行发售的专用矿机才能挖到这种区块链上的代币。简言之，想得到这种代币，必须先买它的矿机。

主流货币如此抢手，非主流货币对投资者来说并无那么高的信任度。目前，也只有迅雷玩客云——链克（原玩客币WKC）、快播旗下流量矿石的流量宝盒——流量币（LLT）及暴风播酷云——BFC积分等几家少数公司在运行此模式。人们对于首次代币发行等简单获取代币的方式有了一定的接受度，先买矿机再得代币的路数终究处于困境。

（4）首次交易发行：卷土重来的币圈"网红"

首次交易发行（Initial Exchange Offerings，简称IEO）指的是交易所审核项目质量并通过后，项目的公募和上线交易所环节都在该交易所完成。

不同于首次交易发行的无须注册运营牌照，有可信赖的大型交易所背书，首次交易发行的模式更像首次公开发行。目前翻新首次交易发行的交易所以币安为领头羊，火币、OKEX相继发公告宣布推出自己的首次交易发行。

即便互金会发布了警告，但首次交易发行的风头依然迅猛。平台币暴涨，头部的首次交易发行项目异常火爆。

币安Launchpad于2019年2月25日晚间启动Fetch.AI的FET发售，币安CEO赵长鹏称，短短10秒左右就销售一空；3月26日，Huobi Prime上线第一个项目TOP Network（TOP）；4月10日，OK Jumpstart的首期项目积木云（BLOC）发售。方式层出不穷，实则目的不离其宗。

各大交易所希望好的项目能在可信赖的平台通过募资的方式走向繁荣，投资者更希望在高风险的投资中寻求更稳妥的方式获取高收益。

区块链这个被称为"第四次工业革命"的技术，由于经历了炒作概念，声名已满目疮痍。

回归初心，从业者更想看到的是区块链应用真正落地，可以造福人民。身处寒冬中更应冷静克制地找寻新道路，也愿有初心的从业者能带领区块链走出阴霾，再次引领科技的进步。

附录G 90只个股开盘涨停！
全面复盘A股区块链概念整装待发的一年

作者：仇杨涛｜链得得编辑

中共中央政治局第十八次集体学习强调把区块链作为核心技术自主创新重要突破口，明确主攻方向，加大投入力度，着力攻克一批关键核心技术，加快推动区块链技术和产业创新发展。

无论是学界还是商界的专业人士都认为，中央这一剂强心剂将掀起中国区块链技术研究和应用的高潮。

受利好消息影响，A股区块链概念股在消息发布后的两周几乎都全面飘红。其中有约90只个股开盘即涨停。

而区块链作为一种创新技术，多家初创类公司和公众公司早已积极布局。日前，网信办公布了第二批区块链备案企业，结合2019年3月底公布的首批区块链备案信息，中国境内已备案的区块链企业达到506家，百度、华为、阿里巴巴、京东、腾讯等企业均有入选，其中也不乏多家A股上市公司。

根据链得得整理，在网信办首批区块链备案名单中，囊括了包括易见股份、安妮股份、中国平安、新华网等在内的27家A股上市公司，在第二批备案名单中，暴风集团、美的集团、南方航空等19家A股上市公司悉数上榜。

回顾A股上市公司在区块链上的跃跃欲试，显得既胆小又勇敢。2018年开年之际，上海和深圳两地交易所多只股票因"区块链"概念多次涨停，由此引发监管部门的关注并连发问询函，询问其是否涉及"区块链概念炒作"，其中包括连收2个涨停的游久游戏，连续4个涨停的易见股份等。

　　强压之下，A股上市公司本着谨慎的态度均以"没有""不涉及""尚处于研究探索""未直接产生经济效益"等来回应监管单位。那时的区块链远没有进入大众视野，而上市公司基本也是借比特币大涨之风来炒作概念。从个股情况来看，在当时经历了一波概念的炒作和监管层的问询后，股价逐渐回落至正常区间。

　　此后，A股市场的区块链势头没能得以延续，直到2019年3月30日，网信办的备案名单中出现多家上市公司的身影。链得得发现，在那份名单中，本着规避风险的意识，所有A股公司均以子公司的主体来备案区块链项目。可以说，从那时起，区块链企业开始得以"正规化"，A股公司开始敢于承认自己的区块链业务，但是有所收敛。

　　2019年10月18日，第二批区块链备案名单正式公布，东方财富、恒生电子、平安银行、江苏银行、汉得信息、信息发展、新晨科技、远光软件、工商银行、南方航空共10家A股公司直接以上市公司主体备案了多项区块链项目。一周之后，区块链技术获得中央定调。

　　一时间，一批A股公司如雨后春笋般冒出来，争先向投资人表态自己的区块链业务研发和布局情况，爱康国际、美盈森、东方通等公司积极回复了与区块链有关的情况。

　　据统计数据，截至2019年10月27日21点，在深交所的互动易上，涉及区块链的内容被提问830次，在上交所被提问7次。另据券商中国记者粗略统计，至少已有16家公司正面承认涉及区块链。

　　那么，真正部署区块链的公司在做什么？它们把区块链用在了哪些领域？链得得根据公开资料进行了梳理和归类。

　　综合第一次和第二次的发布情况，A股直接备案或间接参与备案的上市公司为46家。技术应用主要分布在底层平台、溯源公益、贸易金融、供应链金融、身份认证和版权确权等领域。

在两批名单中，平安集团（包括旗下金融科技公司金融壹账通、陆金所等）的备案产品达到10个。其中，陆金所属于平安集团旗下的理财平台，目前已经将区块链应用于平台多项运营环节中，包括使用区块链技术辅助用户身份认证、利用区块链对网贷交易溯源等方面，已有部分资管、信托、私募产品运用了区块链技术。

根据东方财富Choice的数据显示，目前包括备案企业在内的和曾经公开表示过"涉及区块链"的A股上市公司有153家。从地域来看，广东有41家、北京有33家、浙江有14家，其次分别是江苏、福建、上海等地区。

人民网是较早开展区块链业务的国字号公司。2018年，人民网正式成立了区块链频道，初步形成了内容、科研、培训、资本的"四位一体"业务格局，此后也一直担任着推动区块链价值的普及传播和区块链行业健康发展的重任。

2019年7月，人民网与微众银行共同推出了"人民版权"平台，该平台基于FISCO BCOS区块链底层技术构建新闻版权联盟链，能够实现数字版权确权、监测、侵权取证、诉讼的全流程线上化和自动化。

从已披露区块链业务的、具有代表性的上市公司来看，区块链已经在金融（包括供应链金融）、云算力、能源、版权、存证等领域陆续落地。

恒生电子、四方精创等公司在金融领域积极探索。2017年，恒生在金融科技行业发力，通过全资子公司洲际控股投资了致力于区块链技术的Symbiont公司，拥有自主研发的金融联盟链技术平台HSL（即恒生共享账本平台）。而四方精创在2017年就与IBM中国开展项目合作并签署业务合作协议来推动区块链在香港及银行业的发展。同年四方精创公布了与IBM中国合作的MVP转化为实际应用的首个项目成功实施，该项目是区块链技术在银行保险业务的应用。

此外，医疗健康领域，如华大基因、乐心医疗有所布局；知识产权领域，如视觉中国、安妮股份、科达股份积极探索介入。

云算力被看作是一个具有潜力的市场。基于区块链技术，通过将闲置的算力资源组织起来参与市场运行，使得闲置算力产生社会价值，这将成为一个新的商业模式和新一代互联网基础设施。目前来看，光环新网、美利云、数据港、网宿科技、宝信软件均在该领域有所涉猎。

而在能源区块链领域，同样有代表性企业。在能源全面互联网化的趋势下，区块链技术的开放、共享、协同的优势将与能源互联网的基本特征十分吻合。以区块链技术进步驱动能源革命，能够构建新型的能源交易模式。

值得注意的是，远光软件是国网电商公司旗下唯一上市公司，在国网系统战略地位明显。国海证券在其报告中写道："我们预计公司将是国网区块链主要技术凭借之一，将深度受益于国内能源区块链的建设。"

2019年全球"百大"资金盘清单

作者：周芳鸽 | 链得得智库分析师

2019年11月18日，设立在中国银行保险监督管理委员会的处置非法集资部际联席会议办公室（以下简称"处非联办"）向各省市处非办发函，提示防范假借区块链名义的非法集资风险。处非联办函告各地高度重视，切实加强相关风险的监测、防范和处置，对非法集资等违法犯罪行为要坚持打早打小，为区块链技术和产业健康有序发展营造良好的市场环境。

此外，在防范假借区块链名义非法集资方面，有关部门鼓励群众积极举报，符合条件的还会给予奖励。

实际上，早在2018年8月24日，五部委联合发布《关于防范以"虚拟货币""区块链"名义进行非法集资的风险提示》，指出不法分子以"金融创新"和"区块链"为名，通过发行"虚拟货币""虚拟资产""数字资产"等方式吸收资金，并非真正基于区块链技术，而是炒作区块链概念行非法集资、传销、诈骗之实。

为厘清此类犯罪的套路，链得得App自2018年年初便开始监控、预警并编撰传销币清单，并于2018年先后发布《2018年上半年100大传销币清单》及《2018年下半年100大传销币实录清单》，其中列举了数百种活跃于市场的传销币种。

在2019年对资金盘、传销币骗局的监控中，得得智库与链法律师团队合作，收集了2019年中国裁判文书网上法院、地方警方2019年调查入案的资金盘、传销币骗局案例，以及反传销网、自媒体曝光的信息。

法院已判定资金盘案例（2019年共监控到43例）

亚欧币、GBC币、财富币、众联国际区块链、CTC区块链资产贸易项目、亚泰坊APC、FCF交易平台、美乐链、宝特币、大圣币、云金币、五行币、LON币、GGP共赢积分、利阁币矿机投资平台（利阁币）、MFC网络平台（M币）、霹克币、GWG平台、QEF网络平台、Sky云世纪（云积分）、喜宝币、Seal币（希尔链）、海纳币、U宝币、TokenStore（通证管家）钱包、百利云、惠民云、GMQ平台、银钛币、元宝币（YCC）、金砖储备资产货币、兴业理财网络平台、AFTC虚拟币交易平台、天使币、能量锏投资平台、艺商券、睿智链、国数区块链、e惠云商、亿云区块链、MB链、流通币、微矿机。

地方警方或相关部门已立案调查资金盘案例（2019年共监控到29例）

Plus Token、比特猪、中天盛祥BCHC、乐存币NBY、DCRC数字版权区块链、FC币（FC积分）、EOS生态（EOSNode）、寻山农场平台、网络黄金积分、兆云金、WoToken钱包、艾尔发币、ICC网红链、雷达币、亮碧思、惠乐益、BISS交易所、AKOEX交易平台币、PCE币、ICC网红链、BZC、LCC光锥币、IDAX交易所（平台币IT）、云付通、贝壳国际交易平台、云币平台、BHB、英雄链HEC、趣步。

链得得监控的跑路及崩盘资金盘案例（2019年共监控到28个）

MGEX交易平台、DOGX钱包、MoreToken钱包、比特狗、USDTex交易所、华登区块狗、YouBank、MGC Token钱包、Sum Token钱包、BeeBank数字货币钱包、BIB数字货币、凯顿数字资产管理公司、变态矿工BTMC、波点钱包、波场超级社区、瑞景之家交易平台、闪链SHE、V-Dimension共振币、贝尔链、EGT、Fomo3D、柬埔寨国家稳定数字货币KHT、GEC环保币、盛世王朝游戏平台、夸克链信、满星云Munics Bank、趣睡、贵人通GRT。

"资金盘"法律解读：实为"非法集资"行为

链法律师团队对得得智库表示，资金盘本质是庞氏骗局，这一类行为在法律上通常属于非法集资。非法集资并非《刑法》中的某一个具体罪名，而是指一类犯罪行为。

非法集资行为主要具备有以下几个特征：①未经有关部门依法批准或者借用合法经营的形式吸收资金；②通过媒体、推介会、传单、手机短信等途径向社会公开宣传；③承诺在一定期限内以货币、实物、股权等方式还本付息或者付回报；④向社会公众即社会不特定对象吸收资金。这四个方面的客观表现也表明了非法集资犯罪行为的四个特征，即非法性、公开性、利诱性和社会性。

也就是说，从ICO到IEO，在国内都有可能属于非法集资行为。

依据现行《刑法》、相关司法解释和司法实践，《刑法》当中涉及的非法集资类犯罪的罪名包括：非法吸收公众存款罪；集资诈骗罪；欺诈发行股票、债券罪；擅自发行股票、公司、企业债券罪；擅自设立金融机构罪；组织、领导传销活动罪；非法经营罪七个罪名。

"资金盘"相关违法犯罪的刑事认定

得得智库和链法律师团队梳理并分析了2019年全球"百大"资金盘骗局中既有案例的判决结果后发现，在国内的司法实践中，打着区块链旗号的传销诈骗及投资项目跑路，主要涉及的罪名有非法吸收公众存款罪、诈骗罪、集资诈骗罪及组织、领导传销活动罪。

（1）非法吸收公众存款罪

2010年12月13日，最高人民法院发布《关于审理非法集资刑事案件具体应用法律若干问题的解释》，其中第一条对非法吸收公众存款有明确的规定：违反国家金融管理法律规定，向社会公众（包括单位和个人）吸收资金的行为，同时具备下列四个条件的，除刑法另有规定的以外，应当认定为刑法第一百七十六条规定的"非法吸收公众存款或者变相吸收公众存款"：

1）未经有关部门依法批准或者借用合法经营的形式吸收资金。

2）通过媒体、推介会、传单、手机短信等途径向社会公开宣传。

3）承诺在一定期限内以货币、实物、股权等方式还本付息或者给付回报。

4）向社会公众即社会不特定对象吸收资金。

非法吸收公众存款罪属于非法集资犯罪中的一般法规定，区块链行业的募资，也就是ICO、IEO、IMO等诸如此类，基本上都不符合我国法律关于募资的规定。

此类案例包括流通币、十三艺商城（艺商券）、亿云区块链等。

（2）诈骗罪

以非法占有为目的，以区块链项目、加密数字货币、加密数字货币矿机为噱头，谎称投资就可以获利，采取虚构事实、隐瞒真相的方法骗取投资者财物。

此类案例包括兴业理财网络平台、GMQ平台、银钛币等。

（3）集资诈骗罪

集资诈骗是指行为人以非法占有为目的，使用诈骗方法非法集资，数额较大的行为。

集资诈骗罪与普通的诈骗罪是特别和一般的关系。集资诈骗与诈骗在构成要件方面存在相似之处，比如都必须以非法占有为目的，都使用了诈骗的方法，骗取的数额要达到较大的标准等。诈骗罪侵犯的对象一般为某一特定人或单位的公私财物，而集资诈骗罪多是采用公开的方式，比如通过媒体广告进行宣传，并以高回报、高利率为诱饵，以便让更多的公众或单位上当受骗，并且仅限于资金。

此类案例包括天使币。

（4）组织、领导传销活动罪

得得智库曾在《2018年上半年100大传销币清单》中提炼传销币的基本规律如下：

1）传销头目在国内或国外注册成立空壳公司并设立网站，通常巧立慈善、理财、游戏、医疗研究等明目，以获取大众初步信任。

2）通过微信、QQ群、讲座等形式大力度宣传某种虚拟货币的价值，有些甚至配以专门的公关进行网络洗白以打消会员疑虑。

3）以多至百倍收益的高额返利为噱头，吸引众人参与，经营模式通常为"交入门费""拉人头""组成层级团队计酬"这三点，不断吸纳会员会费达到敛财目的，具体形式为：①交纳或变相交纳入门费，即交钱加入后才可获得计提报酬或发展下线的"资格"；②直接或间接发展下线，即拉人加入，并按照一定顺序组成层级；③上线从直接或间接发展的下线的销售业绩中计提报酬，或者以直接或间接发展的人员数量为依据计提报酬或返利。

4）最终往往因无下线加入该项目，该项目会员因不能将数字代币兑换成现金，资金链断裂而案发。

此类案例包括亚欧币、喜宝币、大圣币、五行币、GBC币、财富币等。

2019年资金盘案例深度拆解

截至2020年3月10日，链得得App对2019年全球"百大"资金盘清单及部分既有案例的裁判概况整理见表H-1、表H-2、表H-3。

表H-1 【得得智库】2019年全球"百大"资金盘清单（法院已判定案例）

项目名称	当前状态	归属性质	项目名称	当前状态	归属性质
亚欧币	已定罪	组织、领导传销活动	QEF网络平台	已定罪	组织、领导传销活动
GBC币	已定罪	组织、领导传销活动	Sky云世纪（云积分）	已定罪	组织、领导传销活动
财富币	已定罪	组织、领导传销活动	喜宝币	已定罪	组织、领导传销活动
众联国际区块链	已定罪	组织、领导传销活动	Seal币（希尔链）	已定罪	组织、领导传销活动
CTC区块链资产贸易项目	已定罪	组织、领导传销活动	海纳币	已定罪	组织、领导传销活动
亚泰坊APC	已定罪	组织、领导传销活动	U宝币	已定罪	组织、领导传销活动
FCF交易平台	已定罪	组织、领导传销活动	TokenStore（通证管家）钱包	已定罪	组织、领导传销活动
美乐链	已定罪	组织、领导传销活动	百利云	已定罪	诈骗
宝特币	已定罪	组织、领导传销活动	惠民云	已定罪	诈骗
大圣币	已定罪	组织、领导传销活动	GMQ平台	已定罪	诈骗
云金币	已定罪	组织、领导传销活动	银钛币	已定罪	诈骗
五行币	已定罪	组织、领导传销活动	元宝币（YCC）	已定罪	诈骗
LON币	已定罪	组织、领导传销活动	金砖储备资产货币	已定罪	诈骗
GGP共赢积分	已定罪	组织、领导传销活动	兴业理财网络平台	已定罪	诈骗
利阁币矿机投资平台（利阁币）	已定罪	组织、领导传销活动	AFTC虚拟币交易平台	已定罪	集资诈骗
MFC网络平台（M币）	已定罪	组织、领导传销活动	天使币	已定罪	集资诈骗
霹克币	已定罪	组织、领导传销活动	能量铜投资平台	已定罪	集资诈骗
GWG平台	已定罪	组织、领导传销活动	艺商券	已定罪	非法吸收公众存款

续表

项目名称	当前状态	归属性质	项目名称	当前状态	归属性质
睿智链	已定罪	非法吸收公众存款	MB链	已定罪	非法吸收公众存款
国数区块链	已定罪	非法吸收公众存款	流通币	已定罪	非法吸收公众存款
e惠云商	已定罪	非法吸收公众存款	微矿机	已定罪	非法吸收公众存款
亿云区块链	已定罪	非法吸收公众存款			

注：数据来源于得得智库。

表H-2 【得得智库】2019年全球"百大"资金盘清单
（地方警方或相关部门已立案调查案例）

项目名称	当前状态	归属性质	项目名称	当前状态	归属性质
Plus Token	警方立案调查	涉嫌组织、领导传销活动	ICC网张链	警方立案调查	涉嫌组织、领导传销活动
比特猪	警方立案调查	涉嫌组织、领导传销活动	雷达币	警方立案调查	涉嫌组织、领导传销活动
中天盛祥BCHC	警方立案调查	涉嫌组织、领导传销活动	亮碧思	警方立案调查	涉嫌组织、领导传销活动
乐存币NBY	警方立案调查	涉嫌组织、领导传销活动	惠乐益	警方立案调查	涉嫌组织、领导传销活动
DCRC数字版权区块链	警方立案调查	涉嫌组织、领导传销活动	BISS交易所	警方立案调查	涉嫌诈骗
FC币（FC积分）	警方立案调查	涉嫌组织、领导传销活动	AKOEX交易平台币	警方立案调查	涉嫌诈骗
EOS生态（EOSNode）	警方立案调查	涉嫌组织、领导传销活动	PCE币	警方立案调查	涉嫌诈骗
寻山农场平台	警方立案调查	涉嫌组织、领导传销活动	ICC网红链	警方立案调查	涉嫌诈骗
网络黄金积分	警方立案调查	涉嫌组织、领导传销活动	BZC	警方立案调查	涉嫌诈骗
兆云金	警方立案调查	涉嫌组织、领导传销活动	LCC光锥币	警方立案调查	涉嫌集资诈骗
WoToken钱包	警方立案调查	涉嫌组织、领导传销活动	IDAX交易所（平台币IT）	警方立案调查	涉嫌集资诈骗
艾尔发币	警方立案调查	涉嫌组织、领导传销活动	云付通	警方立案调查	涉嫌集资诈骗

续表

项目名称	当前状态	归属性质	项目名称	当前状态	归属性质
贝壳国际交易平台	警方立案调查	涉嫌集资诈骗	英雄链HEC	警方立案调查	涉嫌网络传销、非法集资、金融诈骗
云币平台	警方立案调查	涉嫌网络诈骗	趣步	警方立案调查	涉嫌网络传销、非法集资、金融诈骗
BHB	警方立案调查	涉嫌诈骗或非法集资			

注：数据来源于得得智库。

表H-3 【得得智库】2019年全球"百大"资金盘清单（跑路及崩盘案例）

项目名称	当前状态	归属性质	项目名称	当前状态	归属性质
MGEX交易平台	跑路	诈骗	变态矿工BTMC	崩盘	组织、领导传销活动
DOGX钱包	跑路	诈骗或非法集资	波点钱包	崩盘	组织、领导传销活动
MoreToken钱包	跑路	组织、领导传销活动	波场超级社区	崩盘	组织、领导传销活动
比特狗	跑路	组织、领导传销活动	瑞景之家交易平台	崩盘	组织、领导传销活动
USDTex交易所	跑路	组织、领导传销活动	闪链SHE	崩盘	模式币骗局，疑似传销
华登区块狗	跑路	组织、领导传销活动	V-Dimenslon共振币	崩盘	模式币骗局，疑似传销
YouBank	跑路	组织、领导传销活动	贝尔链	崩盘	模式币骗局，疑似传销
MGC Token钱包	跑路	组织、领导传销活动	EGT	崩盘	模式币骗局，疑似传销
Sum Token钱包	跑路	组织、领导传销活动	Fomo3D	官方宣布关闭	资金盘游戏，疑似传销
BeeBank数字货币钱包	跑路	组织、领导传销活动	柬埔寨国家稳定数字货币KHT	仍在运转	组织、领导传销活动
BIB数字货币	跑路	组织、领导传销活动	GEC环保币	仍在运转	组织、领导传销活动
凯顿数字资产管理公司	跑路	涉嫌网络传销、非法集资、金融诈骗	盛世王朝游戏平台	仍在运转	组织、领导传销活动

续表

项目名称	当前状态	归属性质	项目名称	当前状态	归属性质
夸克链信	仍在运转	组织、领导传销活动	趣睡	仍在运转	涉嫌网络传销、非法集资、金融诈骗
满星云Munics Bank	仍在运转	组织、领导传销活动	贵人通GRT	仍在运转	涉嫌金融诈骗、涉嫌传销、组织传销犯罪

注：数据来源于得得智库。

根据得得智库对2019年资金盘骗局的追踪研究，总结规律如下：

1）司法判定案例中，组织、领导传销活动罪（即世俗认定的传销）最为广泛。

"百大"资金盘骗局中，法院判定案例达43例，其中非法吸收公众存款罪8例；诈骗罪7例；集资诈骗罪3例；组织、领导传销活动罪25例，判定为传销的资金盘占比58.14%。

和受害者认知不同的是，在资金盘崩盘跑路后，受害者多以集资诈骗的名义报案，但警方立案时并不会就此以集资诈骗的定义立案。集资诈骗罪的法定构成要件里包含"非法占有的目的"，明知没有归还能力而集资、将集资款肆意挥霍（币圈的"别墅靠海"）、携带集资款逃匿等都是非法占有目的的具体体现。

而传销最本质的特征在于其诈骗性，传销组织许诺或者支付给成员的高额回报，来自新进成员交纳的"入门费"，要保持传销组织的运转，必须使新成员以一定的倍数不断增加，但由于传销组织人员不可能无限增加，其资金链必然会断裂。因此，当前的资金盘更倾向于组织、领导传销活动罪。

2）以区块链为噱头的资金盘骗局多为基础币种、交易平台及数字货币管理钱包。

得得智库整理分析后发现，在"百大"资金盘骗局清单中，以"区块链""数字货币"等为噱头的基础币种、交易平台及管理钱包占绝大多数。其中，基础币种33例，占比33%；各类交易平台22例，占比22%；钱包类10例，占比10%。

3）币圈熟悉的模式币和资金盘游戏皆为传销变种。

财经评论员肖磊此前表示，资金盘其实是传销的一种变体，由于很多标的具有标准化和交易的便捷性，导致资金盘能够在很短的时间内吸引更多的资金聚集，比以前靠"拉人头"的方式来集资的方式危害性更大。传销的话有很多法律层面的界定，比如超过三级返利体系等，但目前来看，资金盘往往更具有隐蔽性，但可以达到传销的效果，由于拉盘导致前期进入的人更容易获利，这些人为了更多人进来拉盘，就会用"拉人头"的方式去传销式营销，跟传销的本质逻辑是一致的。

目前来看，2017年开始加密数字货币行业迎来爆发式增长，赚钱效应明显更使其成为投资机构的"新宠"。在行业野蛮生长之下，骗子打着"区块链""数字货币""比特币""挖矿"的旗号开展非法传销的案件也不断出现，投资者遭受了巨大损失。

基于当前互联网网络的发展，绝大多数案件更是涉及全国各地，投资者要如何在第一时间用法律追回损失呢？

链法律师团队告诉链得得：①投资者维权一定要建立在合法的基础之上；②投资者天然处于信息不对称的弱势地位，应当尽早联合起来，信息方面可以互通有无，证据材料方面"众人拾柴火焰高"，尽快报案，全力配合警方调查，公权力的介入是追回损失最大的机会。

参考文献

[1] NAKAMOTO S Bitcoin： A Peer-to-Peer Electronic Cash System［DB/OL］.
（2008-11-01）［2019-11-20］. https://bitcoin.org/bitcoin.pdf.

[2] 闻西说科技. 什么是区块链点对点传输［EB/OL］.（2018-02-04）
［2019-11-01］. http://kuaibao.qq.com/s/20180204A0UJGH00?refer=cp_1026.

[3] API栈界_CN.解析：什么是API智能合约［EB/OL］.（2019-09-24）
［2019-12-23］. https://m.chaindd.com/3235046.html.

[4] 涡轮资本. 见出知入，观往知来，加密经济回溯与展望——共识机
制［EB/OL］.（2019-09-04）［2019-12-23］. https://m.chaindd.com/
3233809.html.

[5] 区块链趣事. 区块链的几大共识机制及优缺点［EB/OL］.（2017-04-
02）［2019-11-11］. https://www.jianshu.com/p/aafb53ca3318.

[6] 宋沫飞. 区块链距离成熟还有多远［EB/OL］.（2018-07-24）［2019-
11-11］. https://baijiahao.baidu.com/s?id=1606784209273123494&wfr=spid
er&for=pc.

[7] 宋沫飞. 区块链可以为数据共享带来哪些改变［EB/OL］.（2018-07-
05）［2019-12-01］. https://www.tmtpost.com/3339729.html.

[8] 陈波涛. 区块链公链项目研究报告［EB/OL］.（2019-05-03）［2019-
11-23］. https://www.8btc.com/article/201901.

[9] 廖鸿杰.“分布式账本”何以重塑传统记账模式［EB/OL］.（2018-
07-19）［2019-12-30］. http：//www.chaindd.com/3096009.html.

[10] 高江锦. 数字加密货币及其面临的问题浅析［J］. 信息通信，2017
（7）：277-278.

[11] 张偲. 区块链技术原理、应用及建议［J］. 软件，2016，37（11）：
51-54.

[12] 张新建. 数字货币与央行支付系统关系研究［J］. 北方金融，2019
（8）：31-33.

[13] 王鸿锦. 央行法定数字货币的探索［J］. 中国商论，2018（11）：58-59.

[14] 周永林. 揭秘加密数字货币［J］. 金融市场研究，2018（4）：74-79.

［15］韩健，邹静，蒋瀚，等．比特币挖矿攻击研究［J］．密码学报，2018（5）：472．

［16］路愚．鱼池教程｜挖矿入门（一）［EB/OL］．（2019-11-22）［2019-12-01］．https://mp.weixin.qq.com/s/xLL_dajkqULYt5aqbneGsA．

［17］路愚．鱼池教程｜挖矿入门（二）［EB/OL］．（2019-12-04）［2019-12-01］．https://mp.weixin.qq.com/s/rADZjh-i9vtKI5xSt5j1OA．

［18］第一区块链研究院．你知道比特币交易的手续费是如何计算的吗［EB/OL］．（2018-04-13）［2019-12-01］．https://www.sohu.com/a/228126839_100126176．

［19］杨晓晨，张明．比特币：运行原理、典型特征与前景展望［R］．北京：中国社会科学院世界经济与政治研究所国际金融研究中心，2014．

［20］Libra白皮书［DB/OL］．（2019-06-20）［2019-12-01］．https://libra.org/zh-CN/white-paper/．

［21］Token Sales：ICOs, IEOs, ITOs, STOs［EB/OL］．（2019-08-30）［2019-12-01］．https://blockchainhub.net/ico-initial-coin-offerings/．

［22］沈鑫，裴庆祺，刘雪峰．区块链技术综述［J］．网络与信息安全学报，2016，2（11）：11-20．

［23］斯万．区块链：新经济蓝图及导读［M］．北京：新星出版社，2016．

［24］董宁，朱轩彤．区块链技术演进及产业应用展望［J］．信息安全研究，2017（3）：200-210．

［25］FORSTER B. Announcing De.Fi, A Community for Decentralized Finance Platforms［EB/OL］．（2019-08-31）［2019-10-13］．https://medium.com/dharma-blog/announcing-de-fi-an-alliance-of-decentralized-finance-platforms-9b4faf50b801．

［26］香港证券及期货事务监察委员会．立场书：监管虚拟资产交易平台［DB/OL］．（2019-11-06）［2019-11-07］．https://www.sfc.hk/web/TC/files/ER/PDF/20191106%20Position%20Paper%20and%20Appendix%201%20to%20Position%20Paper%20（Chi）.pdf．

［27］姚前．区块链蓝皮书：中国区块链发展报告（2019）［M］．北京：社会科学文献出版社，2019．

［28］慢雾科技．区块链被黑档案库．［EB/OL］（2019-08-03）［2019-12-01］．https://hacked.slowmist.io/．